# PROSCRIÇÃO DA DESPEDIDA ARBITRÁRIA

Visão comparatista e direito brasileiro

ARION SAYÃO ROMITA
Professor no Programa de Pós-Graduação em Direito da Universidade Gama Filho
Membro da Academia Iberoamericano del Derecho del Trabajo y de la Seguridad Social.

# PROSCRIÇÃO DA DESPEDIDA ARBITRÁRIA

## Visão comparatista e direito brasileiro

LTr
75

EDITORA LTDA.


Rua Jaguaribe, 571
CEP 01224-001
São Paulo, SP — Brasil
Fone (11) 2167-1101

Produção Gráfica e Editora Eletrônica: FAMA EDITORA
Projeto de Capa: FÁBIO GIGLIO
Impressão: COMETA GRÁFICA E EDITORA
LTr 4319.7
Março, 2011

Visite nosso site:
www.ltr.com.br

**Dados Internacionais de Catalogação na Publicação (CIP)**
**(Câmara Brasileira do Livro, SP, Brasil)**

Romita, Arion Sayão
Proscrição da despedida arbitrária : visão comparatista e direito brasileiro / Arion Sayão Romita. — São Paulo : LTr, 2011.

Bibliografia.
ISBN 978-85-361-1701-0

1. Direito do Trabalho — Brasil 2. Empregado — Demissão — Brasil 3. Prescrição (direito) — Brasil I. Título.

11-01306 CDU-347.143:331(81)

Índices para catálogo sistemático:

1. Brasil : Despedida Arbitrária : Prescrição : Direito do Trabalho 347.143:331(81)

*Aos meus alunos no programa de Pós-Graduação em Direito da Universidade Gama Filho.*

# SUMÁRIO

# Prefácio

Esta obra trata do relevante tema da proteção contra a despedida arbitrária ou, por outras palavras, da proscrição da dispensa injustificada.

O direito brasileiro vigente se situa em posição de evidente atraso em relação a outros ordenamentos, nos quais há significativa regulação da extinção do contrato de trabalho por iniciativa do empregador. Justifica-se, por isso, o exame do estado atual dessa proteção dispensada por alguns ordenamentos jurídicos estrangeiros.

Entre as diversas concepções de direito comparado, consagradas pela doutrina especializada, encontra-se a da melhoria das leis nacionais. O estudo das leis estrangeiras inspira, muitas vezes, o legislador na tarefa de aperfeiçoar sua lei nacional. Este estudo se justifica a partir mesmo da utilidade das reflexões sobre a vida dos grandes homens. Procura-se nela modelos individuais de virtudes como os povos procuram, nas legislações estrangeiras, modelos coletivos de sabedoria. Na Grécia antiga, embaixadas eram enviadas a Atenas para lá estudar as leis de Sólon. O Código Napoleão tornou-se o modelo da Europa mediterrânea e da central, antes de se tornar o da América latina.

Comparando-se a regulação do instituto por parte do ordenamento de alguns países europeus e do Canadá com a do Brasil, percebe-se de imediato que, entre nós, inexiste proteção contra a despedida arbitrária. Importa, quanto antes, remediar este mal, a começar pela necessidade de regular a despedida coletiva, já tendo ocorrido episódios em que esta lamentável ocorrência foi levada às barras dos tribunais do trabalho.

A proteção contra a despedida arbitrária é preconizada pelo art. 7º, inciso I, da Constituição de 5 de outubro de 1988; entretanto, decorridos mais de dois decênios da promulgação do Texto Fundamental, a lei complementar de que depende a efetivação da proteção ainda não foi editada. E o atraso do direito do trabalho brasileiro, em confronto com o de diversos países, permanece...

Ao incluir a "relação de emprego protegida contra a despedida arbitrária ou sem justa causa" entre os direitos dos trabalhadores urbanos e rurais, a Constituição de 1988 deflagrou um processo que deveria conduzir à garantia do emprego.

O que se entende por "despedida arbitrária"? O que é "garantia de emprego"? Trata-se de conceitos cuja fixação prévia constitui pressuposto do debate em torno do modo de efetivar o direito do trabalhador à permanência no emprego.

"Proteção contra a despedida arbitrária" é a rede de segurança armada pelo ordenamento jurídico com o fim de proibir o empregador de despedir o empregado ou mitigar os prejuízos por este sofridos quando dispensado, num e noutro caso, fora das hipóteses autorizadas pelas fontes formais do Direito do Trabalho. Abrange qualquer tipo de medida que tenha por finalidade impedir ou dificultar o término do contrato de trabalho por iniciativa do empregador: no primeiro caso (impedir), a fonte (lei ou convenção coletiva) prevê a estabilidade; no segundo caso (dificultar), a fonte impõe ao empregador a obrigação de dar aviso prévio ao empregado, pagar-lhe indenização, etc.

A expressão "garantia de emprego" tem diferentes significados. É expressão genérica, de que estabilidade no emprego constitui apenas uma das espécies. A garantia de emprego representa aplicação prática do princípio de direito ao trabalho, proclamado pela Constituição Federal (art. 6º).

O valor social do trabalho constitui um dos fundamentos do Estado democrático de direito (art. 1º, IV), a ordem econômica funda-se na valorização do trabalho humano (art. 170) e o primado do trabalho reside na base da ordem social (art. 193). O direito ao trabalho relaciona-se com a política social, particularmente com a política de emprego, envolvendo noções de economia, demografia, etc. Compreende técnicas e medidas destinadas a proporcionar o primeiro emprego, manutenção do conseguido, recolocação após a perda do anterior, etc. Diversas medidas têm sido postas em prática pelos diferentes ordenamentos com a finalidade apontada: *imponibile di mano d'opera* do direito italiano; admissão de mutilados de guerra, em diversos países europeus; admissão de maiores de 45 anos imposta por um decreto-lei de 1942, no Brasil; admissão de menores aprendizes, prevista pelo art. 429 da CLT; manutenção de agências de colocação pelos sindicatos, nos termos do art. 513 consolidado, etc.

As medidas de garantia de emprego projetam no plano legislativo iniciativas tomadas pelo Estado intervencionista com o intuito de assegurar ao trabalhador estabilidade econômica e conduzem à política de pleno emprego preconizada pela Constituição (art 170, VIII), além de inspirar medidas de assistência social (Constituição, art. 203, III).

Estabilidade jurídica, como uma das possíveis medidas de garantia de emprego, é a impossibilidade de despedir o empregado, ressalvadas as hipóteses expressamente previstas pelas fontes formais. A Constituição consagrou a estabilidade, porém apenas em caráter provisório e de exceção, para beneficiar o dirigente sindical (art. 8º, VIII), o dirigente empregado das comissões internas de prevenção de acidentes e a gestante (art. 10, II, *a* e *b*, das Disposições Transitórias).

A Constituição não deu guarida à estabilidade como regra geral. Preferiu adotar medidas que, sem proibirem a despedida arbitrária, apenas a dificultam. Prevê o aviso prévio (art. 7º, XXI), a indenização (art. 10, I, das Disposições Transitórias) e a contribuição adicional para o financiamento do seguro-desemprego (art. 239, § 4º).

Errônea é a expressão despedida imotivada. Não há despedida imotivada, despedida sem motivo: o empregador sempre sabe por que despede o empregado. A análise do ato voluntário permite a identificação de quatro fases: 1ª – concepção: ideia prática de um fim julgado possível; 2ª – deliberação: enumeração e comparação dos motivos pró e contra; 3ª – volição: determinação tomada num ou noutro sentido; 4ª – execução: ação resultante da decisão tomada. Os motivos são cotejados na segunda fase do ato voluntário. Portanto, qualquer ato voluntário obedece a motivos, é motivado, já o ato irracional é imotivado (ato do insano, do animal inferior). A despedida – ato voluntário do empregador, animal racional – é sempre motivada. Despedida imotivada é uma *contradictio in terminis*...

Estes e outros temas correlatos são examinados com profundidade e com luxo de informações bibliográficas por esta obra.

O Autor espera que ela contribua para suscitar debates dos quais, afinal, possa resultar a elaboração da esperada normatividade destinada a proteger o empregado contra a despedida arbitrária.

Arion Sayão Romita

*As utopias são, muitas vezes, verdades prematuras.*

Lamartine

*... il ne suffit pás d'avoir raison, il faut encore gagner dans le coeurf des auditeurs.*

*... não basta ter razão, é preciso ainda ganhar no coração dos ouvintes.*

Paul Veyne, *Le pain et le cirque.* p. 628.

# INTRODUÇÃO

A extinção do contrato de trabalho por iniciativa do empregador representa, sem dúvida, o ponto nevrálgico do direito individual do trabalho, o terreno em que se confrontam o interesse mais sensível do empregado – a conservação do emprego – e a necessidade mais premente do empregador: assegurar o bom funcionamento da empresa.

A questão social do século XIX, gerada pelas iniquidades decorrentes do liberalismo econômico e do individualismo jurídico, determinou a necessidade da intervenção do Estado no campo das relações econômicas e sociais.

A romântica concepção de que o direito constitui mero produto histórico, surgido de modo intencional do espírito do povo, e sem luta, foi ultrapassada no século XX pelos acontecimentos que determinaram a necessidade da intervenção do Estado. O direito também não surge de modo invariável e supranacional, como direito natural da razão. Essas teorias não passam de formosos sonhos. Segundo Gustav Radbruch, na teoria do espírito do povo, está presente o sonho do passado de uma idade de ouro fenecida e, nas teorias do direito natural, o espaço futuro de um reino ainda por nascer. O direito do presente, ao contrário, deriva não do sentir nem do pensar, mas sim do querer alheio ao sentimento e à razão, vale dizer, do interesse, em suma, do poder(1).

O Direito do Trabalho cristaliza o resultado dessa evolução no plano das relações de produção econômica, por dirigir-se à regulação do conflito industrial e do trabalho, no seio da empresa.

(1) RADBRUCH, Gustav. *El hombre en el derecho*. Tradução de: Anibal del Campo. Buenos Aires: Depalma. 1980. p. 33.

Perante o regime capitalista, Franz L. Neumann justifica a existência do Direito do Trabalho, cujas normas traduzem ingerência na liberdade contratual e de indústria, pelo fato de que elas favorecem não somente os interesses da classe trabalhadora, mas também os do capitalismo: essas normas dispensam proteção aos trabalhadores, mas ao mesmo tempo asseguram a estabilidade político-social do processo econômico[(2)].

É inegável, como quer Javillier, que o Direito do Trabalho surge diretamente da expressão de interesses econômicos divergentes entre empregados e empregadores[(3)]. Neste sentido, consoante observação de Günter Schaub, precisa ele contrabalançar interesses antagônicos e, por isso, em sentido amplo, constitui parte do direito econômico. Em consequência, deve necessariamente satisfazer às necessidades e às exigências da política social geral[(4)].

O surgimento e o desenvolvimento histórico do Direito do Trabalho coincidem com a expansão do setor secundário da economia no mundo ocidental contemporâneo.

A reconstrução econômica da Europa após a devastação da Segunda Guerra Mundial, com reflexos em muitos outros países, inclusive na América Latina, gerou a "era feliz". Falou-se nos "30 anos gloriosos". Eram os "anos de ouro" de expansão econômica, de pleno emprego, de incremento à atividade protecionista da legislação do trabalho[(5)]. O Direito do Trabalho se expandia em sentido pessoal, alcançando número cada vez maior de sujeitos protegidos; em sentido territorial, porque ampliava o âmbito geográfico de aplicação de suas normas; e em intensidade de benefícios, pela constante criação de novos direitos em favor dos trabalhadores. A forma de emprego normal, ou clássica, poderia ser assim descrita: tratava-se de contrato por tempo indeterminado (os contratos por prazo certo constituíram exceção, de interpretação estrita); o empregado era admitido por um único empregador para prestar serviços em tempo integral, em um só local de trabalho; o empregado podia fazer carreira na empresa, como sucede no serviço público, e percebia uma remuneração regular, ao abrigo de incertezas[(6)].

Esses anos de expansão econômica ensejavam o florescimento do "garantismo legislativo", no seio do qual a estabilidade no emprego surgia como afirmação indiscutível. A relação de trabalho deveria ser protegida por diversos mecanismos,

---

(2) NEUMANN, Franz L. *Il diritto del lavoro fra democrazia e dittadura.* Ed. italiana dirigida por Gaetano Vardaro. Bolonha: Il Mulino. 1983. p. 131.

(3) JAVILLIER, J. C. *Manuel de droit du travail.* Paris: LGDJ, 1986. p. 24.

(4) SCHAUB, Günter. *Arbeitsrecht–Handbuch.* 6. ed. Munique: C. H. Beck'sche Verlagsbuchandlung, 1987. p. 3.

(5) ALONSO OLEA, Manuel. Los contratos de trabajo atípicos y la adaptación del Derecho del Trabajo a la crisis y al cambio tecnológico. In: *Derecho Laboral.* Montevidéu, n. 145, p. 118, jan./mar. de 1987.

(6) LYON-CAEN, Gérard. La crise du droit du travail. In: *In memoriam Sir Otto Kahn-Freund.* Munique: C. H. Beck'sche Verlagsbuchhandlung. 1980. p. 517.

que a punham a salvo das vicissitudes ameaçadoras de sua própria existência, daí as limitações à faculdade patronal de pôr termo ao contrato de trabalho.

O trabalho, porém, tornou-se um "bem escasso" (Manuel Alonso Olea). A elevação dos preços do petróleo nos anos de 1973 e 1979, a revolução tecnológica e a necessidade de aumentar a produtividade das empresas suprimiram empregos, mostrando a impossibilidade material de garantir a relação do emprego contra a despedida. Passou-se a falar em flexibilidade ou flexibilização do Direito do Trabalho, conceito que abrange a flexibilidade dos efetivos da empresa, modalidades de flexibilidade externa (dispensa, trabalho temporário, etc.), distinta de flexibilidade interna (modulação dos horários de trabalho, reestruturação dos empregos, etc.).

A tensão dialética entre a necessidade social e até psicológica de manter o trabalhador em um emprego vitalício (por toda a vida, até a aposentadoria) e a exigência econômica de sobrevivência da empresa, que pressupõe a necessária renovação dos efetivos, o rejuvenescimento do pessoal, etc., conduzem à reflexão sobre os fundamentos doutrinários do conceito de estabilidade.

# 1

# A ESTABILIDADE: FUNDAMENTAÇÃO DOUTRINÁRIA

A concepção liberal da economia preconizava a despedida sem qualquer controle: assim como é livre para admitir o empregado a seu serviço, o empregador é livre para dispensá-lo, sem qualquer ônus, sem qualquer tipo de restrição. A liberdade de contratar contém, implícita, a faculdade de despedir.

A tese liberal encontrava eco nas circunstâncias históricas: o Estado não interferia nas relações contratuais entre os particulares e por isso não se podia esperar qualquer providência legislativa que limitasse o direito do patrão de despedir; por outro lado, os trabalhadores se encontravam *en état de poussière*, já que a colizão constituía crime, e, em consequência, inviável seria a adoção de alguma medida emergente da autonomia coletiva privada (convenção coletiva de trabalho).

A intervenção do Estado promoveu a produção de leis protetoras da relação de emprego; a liberdade de atuação outorgada aos sindicatos de trabalhadores ensejou o desenvolvimento das fontes autônomas do Direito do Trabalho. Assim no campo da heteronomia como no da autonomia, germinou a noção de estabilidade como fruto da aspiração obreira voltada à garantia de permanência no emprego mesmo contra a vontade do empregador, introduzindo limitações ao direito patronal de despedir.

O princípio da estabilidade no emprego chegou a converter-se, em algumas formulações doutrinárias – como expõe Durán Lopez –, em autêntico mito, em um valor intemporal, imperecível, destinado a inspirar o desenvolvimento do moderno Direito do Trabalho. A estabilidade no emprego, como conquista de um Direito do Trabalho evolvido e moderno, promoveria a obtenção de novas conquistas. A estabilidade não poderia ser questionada e sua existência deveria ser preservada a todo custo, como barreira oposta a retrocessos intoleráveis. Ignoravam-se as exigências das empresas, de fundo econômico. O progresso histórico da regulação do trabalho humano impunha o contrato de trabalho de duração indefinida, apto a ensejar uma "carreira" ao empregado, imune ao término derivado da iniciativa patronal. Os contratos por tempo determinado somente seriam tolerados a título de exceção, em nome de um "princípio sacrossanto", o da estabilidade no emprego.

Todavia – prossegue Durán Lopez – essa construção, sem embargo de suas boas intenções, apresentava grave inconveniente: era uma construção ahistórica, uma construção que ignorava o desenvolvimento efetivo e concreto da realidade econômica, que apontava, em situação diversa, para direção contrária(1).

Da visão contratual da relação de trabalho, partiu-se para uma construção institucionalista, que aproximava a relação empregatícia da relação estatutária característica da função pública. A inversão da tendência indicada por Gino Giugni conduziu ao conceito – inadequado, é certo, mas de forte apelo emocional – de propriedade do emprego(2), noção anteriormente difundida por Paul Durand(3), inspirado na tese de Jean Vincent, com prefácio de Paul Roubier(4), que exerceu indiscutível influência sobre os juslaboristas brasileiros nos anos 1930 e 1940.

A teoria institucionalista da relação de trabalho, grata a Paul Durand, justifica perfeitamente a estabilidade no emprego. Como a tese institucional foi consagrada na CLT, entende-se muito bem que este diploma acolha a estabilidade, já regulada entre nós pela Lei n. 62, de 1935.

A CLT aceitou a teoria institucionalista, como se depreende da exposição contida no Relatório e na Exposição de Motivos da Comissão Elaboradora do projeto. A opção pela corrente anticontratualista vem exposta com naturalidade no Relatório: "A precedência das *normas* sobre os *contratos* acentuou, portanto, que a ordem estatutária prevalece sobre a concepção contratualista, e isso porque a liberdade contratual pressupõe a igualdade dos contratantes enquanto o Direito Social reconhece, como um fato real, a situação desfavorável do trabalhador e promove a sua proteção legal". Lê-se na Exposição de Motivos: "O estreito limite representado à manifestação da vontade no contrato de trabalho caminhará para um termo em que apenas se fixará na recíproca aceitação da relação de emprego". Cuidava-se, declaradamente, de compor uma "organização conta os perigos da liberdade contratual jurídico-formal no campo das relações de trabalho".

(1) DURÁN LOPEZ, Federico. Contratación temporal y crisis económica. In: *El derecho del trabajo y de la seguridad social.* Madri: Universidad Complutense, 1984. p. 185-186.

(2) GIUGNI, Gino. Prospettive del diritto del lavoro per gli anni 80. In: Atti del VII Congresso Nazionale del Diritto del Lavoro. Milão: Dott. A. Giuffrè, 1983. p. 36.

(3) DURAND, Paul; VITU, André. *Traité de droit du travail.* Paris: Dallez, 1950. 2. v., p. 96-97.

(4) VINCENT, Jean. *La dissolution du contrat de travail.* Paris: LGDJ, 1935.

A visão institucionalista, porém, entrou em franco declínio. Não satisfaz. À luz da teoria contratualista, que prevalece, a estabilidade absoluta não se sustenta. Contudo, são admissíveis limitações ao direito que tem o empregador de dar por finda a relação de emprego. Estas restrições existem nos mais variados ordenamentos jurídicos. E a OIT recomenda sejam adotadas.

# 2

# A Organização Internacional do Trabalho

A OIT reiteradamente salienta que a proteção contra a despedida arbitrária pode ser adotada tanto em países desenvolvidos como naqueles em via de desenvolvimento. Além disso, constituindo a estabilidade meio efetivo de integração do trabalhador na vida e no desenvolvimento da empresa, o empregado estável, sentindo-se seguro, só terá motivos de colaborar decididamente com o empregador. Acresce que, uma vez adotada a participação do trabalhador na gestão da empresa (outra medida que deve ser preconizada), desapareceriam os riscos de se aprofundar o antagonismo inerente ao conflito industrial: concepção oposta implicaria deslocar para o setor dos trabalhadores o risco do empreendimento, o que contraria a essência da relação empregatícia[(1)].

A evolução do instituto da dispensa mostra que, da fase do liberalismo e do individualismo jurídico (na qual inexistia qualquer limitação ao arbítrio patronal), passa-se, por estágios intermediários, à moderna concepção da dispensa justificada, ou dispensa sob controle.

A 67ª sessão da Conferência Internacional do Trabalho, realizada em 1982, aprovou a Convenção n. 158, sobre o término da relação de trabalho por iniciativa do empregador, complementada pela Recomendação n. 166, a qual, por seu turno, substitui a Recomendação n. 199, de 1963. Estudos de direito comparado realizados pela OIT concluíram que "a legislação em matéria de cessação do contrato de trabalho por iniciativa do empregador mudou radicalmente em muitos

---

(1) OIT. *Terminación de la relación de trabajo – Comisión de expertos en aplicación de convenios y recomendaciones.* Informe III. Parte 4B. Genebra: OIT, 1974. p. 94.

países. Deixou de consistir essencialmente em regras sobre períodos de pré-aviso e indenizações por despedida e sobre as condições em que se tornam indevidos, passando o requisito de justificação por parte do empregador a constituir o centro jurídico das análises e decisões dos tribunais, principalmente em virtude do frequente apelo a sua proteção por parte de trabalhadores que entendem ter perdido o emprego sem motivo justificado. Assim, pois, o princípio da justificação se converteu no fundamento da legislação de muitos países sobre o término do contrato de trabalho por iniciativa do empregador, dando origem a um complexo campo de estudos jurídicos, enquanto as regras sobre períodos de aviso prévio e pagamento de indenização perderam certa importância" (2).

A Convenção n. 158 dá agasalho ao princípio de justificação da dispensa em seu art.4º: "Não se porá fim à relação de trabalho de um trabalhador, a menos que exista uma causa justificada relacionada com sua capacidade ou a sua conduta ou baseada nas necessidades de funcionamento da empresa, estabelecimento ou serviço". Como se vê, a OIT emprega o método de proibir a dispensa arbitrária: não se dará fim à relação de trabalho...

O art. 10 da Convenção dispõe que, se o tribunal do trabalho perante o qual foi proposta a ação do empregado que se considera injustamente despedido chegar à conclusão de que a dispensa foi realmente injustificada, deverá anular o ato patronal e determinar a readmissão do empregado; mas se, em virtude da legislação ou das práticas nacionais, esta decisão não for possível, deverá determinar o pagamento de uma indenização ou reparação diversa, tida por adequada.

O Brasil ratificou a Convenção n. 158 e já a denunciou(3).

---

(2) OIT. *Terminación de la relación de trabajo por iniciativa del empleador – Conferencia Internacional del Trabajo.* 67ª Reunión. Informe VIII (1). Genebra: OIT, 1980. p. 7.

(3) Promulgação: Decreto n. 1.855, de 10.4.1996. Publicação da denúncia: Decreto n. 2.100, de 20.12.1996.

# 3

# DIREITO ESTRANGEIRO

## *3.1. Considerações gerais*

Em diversos países, a legislação adota medidas tendentes a proteger a relação de emprego contra a despedida arbitrária.

Modernamente, verifica-se em diversos ordenamentos uma tendência a flexibilizar os métodos de solução das controvérsias geradas pela despedida arbitrariamente efetivada pelo empregador. Valeria a pena examinar as medidas legislativas adotadas por pelo menos duas dezenas de países, mas o esforço se limitará a seis: Alemanha, Canadá, Espanha, França, Itália e Portugal. A execução específica da obrigação de fazer (reintegrar o empregado) é quase sempre considerada de impossível aceitação, não só pelos inconvenientes práticos que gera, mas também – e principalmente – pelo princípio de que o inadimplemento da obrigação de fazer se resolve em perdas e danos (no caso, pagamento de uma indenização compensatória da perda do emprego).

## *3.2. Alemanha*

A Lei de proteção contra a despedida (*Kündigungsschutzgesetz* – KSchG, de 1951, atualizada em 1969 e modificada em 1974, 1976 e 1989) dispõe, no art. 1º (§1º), que, após 6 meses de prestação de serviços, a despedida não terá eficácia se for socialmente injustificada.

A lei declara socialmente injustificada a despedida que não se fundamentar em motivos atinentes à pessoa ou à conduta do trabalhador ou imposta por necessidade imperiosa da empresa que se oponha à permanência do empregado.

De acordo com o disposto na Lei de organização da empresa (*Betriebsverfassungsgesetz*, de 1972, com a redação de 1988, alterada em 1990), o conselho de empresa exerce codeterminação (*Mitbestimmung*) em tema de despedida. O art. 102 (§102) impõe a consulta ao conselho, sob pena de ineficácia da despedida. O conselho exerce função conciliatória. No prazo de uma semana, contado da ciência da despedida, o trabalhador pode apresentar uma reclamação ao conselho, que, se entender socialmente injustificada a decisão patronal, procura um entendimento com o empregador.

O empregado despedido não é obrigado a esgotar a instância conciliatória perante o conselho de empresa. No prazo de 3 semanas, o empregado pode formular perante a Justiça do Trabalho reclamação por despedida socialmente injustificada. Na audiência de conciliação, o autor esclarece se postula o prosseguimento da relação de emprego (com a readmissão), ou o desfazimento do vínculo com o pagamento de uma indenização. O empregador também se manifesta.

O tribunal apresenta uma proposta de acordo, que na prática se resume no pagamento de uma indenização. Para fixar o montante desta indenização, são levados em conta os seguintes dados: de metade de um salário a um salário mensal multiplicado pelos anos de serviço, sendo o resultado multiplicado por um fator de risco. Dá-se também um desconto pelo risco processual (metade de probabilidade de êxito para cada parte, por exemplo). O risco social é expresso por um fator de idade até 35 anos, fator 1; de 36 a 40 anos, fator 1,2; de 41 a 49 anos, fator 1,4; acima de 50 anos, fator 1,6. As pessoas são também classificadas em categorias, de 0 a 4, de acordo com a situação familiar, oportunidade de obter novo emprego, etc.; assim, por exemplo, para uma pessoa que conte até 35 anos, no grau 0, o fator é 1; no grau 1, o fator se eleva para 1,1; no grau 2, o fator é 1,2; e assim sucessivamente.

Na prática, a fórmula adotada é a seguinte: montante da indenização = anos de serviço X 0,5 X salário mensal X fator social X risco processual.

Se não houver acordo na audiência de conciliação, o órgão judicante profere sua decisão. Em caso de procedência do pedido de reintegração, persiste a relação de emprego como se não tivesse ocorrido a dispensa. Nesta hipótese, o empregador é obrigado a readmitir o empregado, pagando-lhe os salários vencidos durante o período que medeia entre a data da dispensa e a da readmissão. Deste montante, porém, serão deduzidos: a) os salários auferidos em outro emprego; b) os salários que o empregado teria recebido se não houvesse recusado maliciosamente uma oferta de emprego; e c) as prestações do seguro social (art. 11).

Embora a decisão judicial declare a despedida socialmente injustificada, as partes podem postular a cessação da relação de trabalho. O término da relação de trabalho não pode ser declarado de ofício: só pode ocorrer a requerimento das partes. O objetivo principal da KSchG é a preservação do vínculo empregatício. Dizem os juristas alemães que ela é uma lei de proteção do emprego, e não uma lei de indenização (*Das KSchG ist seinem Zweck nach ein Bestandschutzgesetz und kein Abfindungsgesetz*). Entretanto, o legislador não ignora que, na vida prática, não é possível reatar uma relação contratual sem a anuência dos interessados. O art. 9º (§ 9) regula minuciosamente a hipótese: o trabalhador pode pleitear a cessação do contrato de trabalho sempre que dele não se puder com razoabilidade exigir o prosseguimento; por seu turno, o empregador pode solicitar a cessação do contrato somente se concorrerem motivos para esperar que a colaboração do trabalhador será contrária aos interesses da empresa. Nesta hipótese, o empregador será condenado a pagar uma indenização àquela (*Zahlung einer angemessenen Abfindung*). Esta possibilidade, prevista como excepcional, tornou-se prática habitual: 90% dos processos em que autores foram vitoriosos terminam com o pagamento da indenização substitutiva da obrigação de reintegrar.

O valor da indenização não é deixado ao arbítrio da Justiça do Trabalho. O art. 10 (§ 10) da KSchG estabelece critérios para a fixação deste valor; o montante máximo é de 12 salários mensais; esta cifra pode elevar-se até 15 salários mensais, se o trabalhador completou 50 anos de idade e tem 15 anos de casa; pode chegar a 18 salários mensais, se o empregado tiver 55 anos de idade e contar 20 anos de serviço na empresa. O empregado perde o direito à indenização se, na data da cessação do contrato de trabalho, tiver idade suficiente para aposentar-se.

Se o pedido for julgado improcedente (vale dizer, se a despedida não era socialmente injustificada), dá-se o término da relação de emprego, sem direito a indenização. O trabalhador, nesta hipótese, receberá as prestações do seguro--desemprego[(4)].

### *3.3. Canadá*

O sistema legislativo canadense é complexo e exige algumas elucidações prévias.

Em primeiro lugar, cumpre observar a distribuição constitucional das competências. A lei constitucional de 1867 não se refere a relações de trabalho nem a normas de trabalho, porém a jurisprudência assentou o entendimento de que a competência provincial é regra enquanto a competência federal exclusiva é excepcional. A legislação emanada do Parlamento (legislação federal, portanto) aplica-se às empresas federais; as leis promulgadas pelas legislaturas (*législatures*) provin-

---

(4) BAUER, Jobst-Hubertus; RÖDER; Gerhard. *Kündigungsfibel.* 2. ed. Sauer-Verlag: Heidelberg. p. 120-32; WENZEL, Leonhard. *Kündigung und Kündigungsschutz.* 5. ed. Luchterhand: Darmstadt, 1987; DÜTZ, Wilhelm. *Arbeitsrecht.* Munique: C.H.Beck'sehe Verlagsbuchhandlung, 1990. p. 135 e segs.; DÄUBLER, Wolfgang. *Das Arbeitsrecht 2.* Hamburgo: Rowohlt, 1990. p. 4-65 e segs.; GALPERIN, H.; LÖWISCH, M. *Kommentar zum Betriebsverfassungsgesetz,* II. 5. ed. Heidelberg: Verlagsgesellschaft Recht und Wirtschaft, 1976. p. 361 e segs.; GITTER, Wolfgang. *Sozialrecht.* 3. ed. Munique: C. H. Beck'sche Verlagsbuchhandiung, 1992. p. 223 e segs.; HANAU, Peter; ADOMEIT, Klaus. *Arbeitsrecht.* 10. ed. Neuwied: Alfred Matzner, 1992. p. 244 e segs.

ciais aplicam-se às demais empresas (aqui, cuidaremos apenas das leis promulgadas pela província de Québec).

Em segundo lugar, cabe averiguar a lei que rege a matéria em exame. As leis dispõem de maneira diversa, segundo o tipo de despedida que está sendo considerado. A autoridade que aprecia o caso também difere, segundo as variadas hipóteses. Cinco são as principais leis: 1ª – Código do Trabalho (Québec), de 1964; 2ª – Código canadense do trabalho (federal), de 1985; 3ª – Lei de normas do trabalho (Québec), de 1979, alterada em 1990; 4ª Carta dos direitos e liberdades da pessoa (Québec), com atual redação de 1989; 5ª Lei canadense dos direitos da pessoa (federal), de 1982.

Ultrapassadas gradualmente a fase liberal fundada na concepção contratual, que subordinava a continuidade da relação empregatícia à vontade do empregador, o direito canadense exige a motivação da despedida e a definição dos elementos constitutivos de uma dispensa legal. A causa da despedida deve ser, sempre, legal: certas situações não podem legalmente servir de motivo para a despedida: a lei protege os empregados. A violação dos preceitos legais aplicáveis pode acarretar para o empregador a obrigação de pagar uma indenização ao empregado despedido ou a reintegrá-lo no emprego.

O Código do Trabalho de Québec protege o empregado que exerce um direito por ele reconhecido: o de se filiar ao sindicato de sua escolha ou de participar na formação do mesmo órgão, em suas atividades ou em sua administração. A lei de normas do trabalho proíbe a despedida do empregado que tenta fazer valer uma das condições de trabalho mínimas – salariais ou outras – estabelecida por suas disposições ou por seus regulamentos de aplicação; a mesma lei proíbe a dispensa da empregada por motivo de gravidez ou licença-maternidade. O Código canadense do trabalho veda a dispensa do empregado em razão de penhora de seus bens, pelo fato de ter fornecido informações às autoridades a respeito de condições de trabalho ou por motivo de doença. A Carta dos direitos e liberdades da pessoa (Québec) proíbe despedida por motivo de discriminação (exemplo: em razão da idade), enquanto a Lei de normas do trabalho não permite a despedida em razão de ter o empregado completado a idade que autoriza a aposentadoria.

Outras leis, além daquelas citadas, também dispensam proteção em face de situações específicas. Por exemplo, a Lei sobre saúde e segurança do trabalho proíbe a dispensa pelo fato de ter o empregado recusado a execução de um trabalho perigoso. A lei do Québec de acidentes do trabalho e doenças profissionais proíbe a despedida do empregado que sofreu lesões em serviço.

A Lei canadense dos direitos da pessoa também veda a despedida por motivo de discriminação, como, por exemplo, em razão do estado civil. A Lei dos jurados proíbe a despedida do empregado que atuou como jurado e a Lei dos tribunais judiciais dispõe da mesma forma quanto à ausência do trabalho para depor como testemunha.

Inspirado na prática consagrada pelas convenções coletivas de trabalho durante muitos anos, o legislador (federal e de Québec) consagrou o princípio de que a despedida deve ter uma "causa justa e suficiente" (*cause juste et suffisante*). A Lei de normas do trabalho estabelece uma "medida contra a despedida sem uma causa justa e suficiente" (*recours à l'encontre d'un congédiement fait sans une cause juste et suffisantè*), que permite ao empregado obter uma reparação adequada à perda do emprego. Esta reparação pode consistir até na reintegração, com o pagamento dos salários que o empregado deixou de receber enquanto afastado do emprego e beneficia os trabalhadores que contem três anos de serviço na empresa. Esta medida (*recours*) só não pode ser utilizada se outro processo de reparação estiver previsto em disposição diversa da mesma lei de normas do trabalho, em alguma outra lei ou convenção coletiva de trabalho. A ação por perdas e danos não prejudica a propositura dessa medida.

O Código canadense do trabalho institui um juízo arbitral em favor do empregado que trabalha sem interrupção durante 12 meses para um empregador, cujo contrato não seja regido por uma convenção coletiva.

A diversidade das providências legislativas referentes ao regime da despedida manifesta-se igualmente por ocasião da propositura das medidas destinadas a dar aplicação prática aos preceitos legais.

De acordo com o Código do Trabalho de Québec, incumbe aos comissários do trabalho apreciar os procedimentos gerados por uma despedida injusta. Este procedimento respeita o princípio do contraditório e é despido de formalismo. Da decisão do comissário do trabalho, cabe recurso para o Tribunal do Trabalho, com a autorização deste. As despedidas que contrariam a Carta dos direitos e liberdades da pessoa abrem ensejo a uma duplicidade de procedimentos: 1º – o interessado pode dirigir-se aos tribunais para pleitear um mandado de injunção (*ordonnance d' injonction*) que ordene a reintegração ou conceda perdas e danos; 2º – o empregado prejudicado pode requerer à Comissão dos direitos da pessoa a instauração de um inquérito, no curso do qual surgem negociações; se os entendimentos fracassarem, a Comissão propõe que a controvérsia seja submetida a um árbitro, a menos que as partes prefiram o acesso a um tribunal civil ou ao tribunal dos direitos da pessoa. As decisões deste não admitem recurso e podem ser desde logo executadas.

As despedidas ilegais, de acordo com a lei federal (ou seja, o Código canadense do trabalho), abrem ensejo, por incrível que possa parecer, à intervenção das jurisdições penais ordinárias. A despedida motivada por atividades sindicais constitui objeto de um procedimento perante o Conselho canadense de relações do trabalho. Os tribunais dos direitos da pessoa decidem a respeito das despedidas discriminatórias, nos termos da lei canadense de direitos da pessoa.

O procedimento a que dá lugar uma despedida que o prejudicado considere simplesmente "sem causa justa e suficiente" e formulado perante a Comissão das normas de trabalho, no prazo de decadência de 45 dias, contados do desligamento.

Com a concordância das partes, a Comissão pode nomear um conciliador. Se a Comissão não decidir no prazo de 30 dias, o empregado pode, nos 30 dias subsequentes, solicitar por escrito que o processo seja encaminhado ao comissário geral do trabalho, que designará um comissário do trabalho para apreciar a demanda (lei de normas do trabalho, arts. 124 a 126). A decisão do comissário do trabalho equivale à do árbitro (*arbitre de grief*) competente para apreciar a despedida em virtude de uma convenção coletiva. A decisão do comissário, escrita e motivada, não admite recurso.

As medidas cabíveis perante as jurisdições especializadas, em sua maioria, tendem ao restabelecimento da situação anterior à despedida irregular, isto é, retorno do empregado ao posto de trabalho do qual fora indevidamente afastado, seguindo-se uma demanda por indenização correspondente aos salários e às demais vantagens de que o trabalhador se viu privado por força da despedida. De fato, ao dispor sobre os poderes do comissário do trabalho, o art. 15, *a*, do Código do Trabalho de Québec, declara que aquela autoridade pode ordenar ao empregador a reintegração no emprego, com todos os direitos e privilégios, e condená-lo a pagar, a título de indenização, o equivalente aos salários e demais vantagens de que o empregado fora privado pela despedida. O depósito do mandado no cartório do Tribunal Superior tem o condão de atribuir à ordem o mesmo efeito de um julgamento do mesmo tribunal. De acordo com o art. 19 do Código do Trabalho, deixar de cumprir a ordem de reintegração tipifica o delito de ultraje ao tribunal, e o empregador pode ser condenado a pagar uma pesada multa, de até 50 mil dólares (canadenses), cumulada ou não com prisão de no máximo um ano. A aplicação dessas penalidades pode repetir-se, até que o infrator cumpra a ordem.

Cabe observar que, segundo o disposto no art. 15, *a*, do Código do Trabalho de Quebec, se o empregado trabalhou durante o período posterior à despedida, os salários que auferiu serão deduzidos da indenização que o empregador deve pagar-lhe.

A legislação federal (Código canadense do trabalho, art. 242) dispõe que, se o árbitro considerar a despedida injusta, pode determinar ao empregador: a) que pague ao empregado uma indenização equivalente, no máximo, ao salário que ele teria percebido se não tivesse sido dispensado; b) que reintegre o autor no emprego; c) que tome qualquer outra medida que o árbitro entenda justa, de modo a contrabalançar os efeitos da despedida ou a remediá-la.

De acordo com a lei de Québec (Lei de normas do trabalho, art. 128), quando entender que o empregado foi despedido sem causa justa e suficiente, o comissário do trabalho pode: a) ordenar ao empregador a reintegração do empregado; b) ordenar ao empregador o pagamento de uma indenização até o máximo equivalente ao salário que o empregado teria normalmente auferido se não tivesse sido despedido; c) tomar qualquer outra decisão que lhe pareça justa e razoável, levando em consideração as circunstâncias do caso[(5)].

### *3.4. Espanha*

*Despido* é o vocábulo com que tradicionalmente o direito do trabalho espanhol designa o "ato unilateral de vontade do empresário por meio do qual este decide pôr fim à relação de trabalho" [(6)]. Corresponde, em vernáculo, a *despedida, dispensa, despedimento*.

A classificação das despedidas em justas e injustas remonta à lei de contrato de trabalho de 1931, com o texto refundido em 1944. Segundo a lei de contrato de trabalho de 1944 (art. 81), há três categorias de despedida: 1ª – despedida por causas imputáveis ao trabalhador, sem direito a indenização alguma (despedida justificada); 2ª – despedida por motivo justificado, porém independente da vontade do trabalhador, quando este teria direito aos salários correspondentes ao prazo do aviso prévio; 3ª – despedida sem causa justificada (despedida injustificada), quando o trabalhador poderia optar entre a readmissão e uma indenização. A readmissão se daria no mesmo posto de trabalho e nas mesmas condições anteriores à dispensa. A indenização era deixada ao arbítrio do juiz, mas tinha como limite máximo o valor de um ano de salário.

O Código de Processo do Trabalho, no art. 103, dispunha que, em caso de despedida improcedente, era assegurada ao empresário que tivesse menos de 50 empregados fixos a opção entre a readmissão do trabalhador despedido e o pagamento de uma indenização, que em caso algum poderia ser superior a um ano de salário[(7)].

Segundo a *Ley de relaciones laborales*, de 1976 (art. 35), em caso de despedida improcedente, o juiz condena a empresa a readmitir o empregado nas mesmas condições existentes antes daquela assim como a pagar-lhe os salários que deixou de perceber desde a data do afastamento até que a readmissão seja efetivada. A sentença que determina a readmissão seria cumprida pelo empresário

(5) GAGNON, Robert P. *et al. Droit du Travail.* 2. ed. Les Pressee Universitaires Laval. 1991. p. 93 e segs.; DUBÉ, Jean-Louis; DI IORIO, Nicola. *Les normes du travail.* 2. ed. Sherbrooke: Les Editions Revue de Droit, 1992. p. 394 e segs.; JEAN, Andrée *et al. Lois du travail (textes).* Montréal: Wilson & Lafleur, 1992; MORIN, Fernand. *Rapports collectives du travail.* 2. ed. Montréal: Les Editions Thémis, 1991. *passim.*

(6) ALONSO GARCÍA, Manuel. *Curso de Derecho del Trabajo.* 4. ed. Barcelona: Ediciones Ariel, 1973. p. 586.

(7) PÉREZ LEÑERO, José. *Teoria geral del derecho español del trabajo.* Madrid: Espasa-Calpe, 1948. p. 198-199; GARCÍA OVIEDO, Carlos. *Tratado elemental de Derecho Social.* 4. ed. Madri: EÍSA, 1950. p. 255-256; AGUINAGA TELLERIA, Antonio de. *Derecho del Trabajo.* Madri: Gráficas Gonzalez, 1952. p. 480-481; HERNAIÑZ MARQUEZ, Miguel. *Tratado elemental de Derecho del Trabajo.* 9. ed. Madri: Instituto de Estudios Políticos, 1964. p. 419-428; PÉREZ BOTIJA, Eugenio. *Curso de Derecho del Trabajo.* Madri: Tecnos, 1948. p. 277-279.

"em seus próprios termos", sem ser possível substituir a readmissão por indenização em dinheiro, salvo em caso de acordo ou quando o juiz, em atenção a circunstâncias excepcionais que impedem a normal convivência na empresa, resolvesse converter a readmissão no pagamento de uma compensação econômica. Esta compensação não podia ser inferior a seis meses de salário nem superior a cinco anos de salário[8].

A legislação espanhola, portanto, de há muito, repele a despedida *ad nutum*, ou seja, aquela entendida como exercício do poder patronal sem limitação de espécie alguma. O término do contrato de trabalho por iniciativa do empresário deve ter uma causa capaz de produzir aquele efeito, ou caso contrário, a despedida será considerada nula ou improcedente, com as consequências conhecidas: ineficácia ou nulidade da despedida, com a consequente readmissão do empregado, ou pagamento de indenização, conforme a hipótese concreta.

A qualificação da despedida, então, pode ser: 1ª – nula, que pode ser declarada de ofício pelo juiz, em caso de inobservância dos requisitos formais prescritos por lei; 2ª – improcedente, quando, a despeito de preenchidos os requisitos formais, não resulte devidamente provada a causa alegada pelo empresário; 3ª – procedente, quando, além de observados os requisitos formais, fique plenamente justificada a causa válida suficiente para produzir o término do contrato

O rígido sistema implantado pela *Ley de relaciones laborales* suscitou forte reação patronal, o que determinou a suspensão da vigência do art. 35 em 12 de outubro de 1976, até que, em 1977, o Real decreto-lei sobre relações de trabalho (17/1977) revogou o citado art. 35 da *Ley de relaciones laborales*, adotando um sistema mais flexível, caracterizado por: 1º – criação de um novo tipo de despedida, denominado "despedida objetiva", que se agregava à despedida disciplinar; 2º – admissão de novas causas de despedida por motivo disciplinar; 3º derrogação da readmissão forçada; 4º – simplificação das formalidades (carta dirigida pelo empregador ao empregado); 5º – desaparecimento da distinção entre empresas de acordo com o número de empregados e aplicação de regime único a todos eles.

O Real decreto-lei de relações de trabalho, de 1977, manteve o direito que tem o empregado, em caso de despedida improcedente, a ser readmitido pelo empregador nas condições anteriores à despedida. Não obstante, caso o empregador se recusasse a readmitir o empregado ou se a readmissão se processasse de forma indevida, o juiz substituiria aquela obrigação por uma indenização (dita de ressarcimento de prejuízos). Esta indenização não poderia ser inferior a dois meses de salário por ano de serviço nem exceder cinco anos de salário. Dentro desses limites, o juiz fixava a indenização a seu prudente arbítrio, levando em conta as peculiaridades do caso.

(8) FERNANDEZ RUIZ, José Luis. *Ley de relaciones laborales* – análisis y comentario. Bilbao, 1976. p. 178-184.

O empregado tinha direito, em caso de despedida improcedente, a receber os chamados "salários de tramitação", como tal definidos os que ele deixou de perceber desde que se produziu a despedida até que tivesse lugar a readmissão (ou até que a readmissão fosse substituída pela indenização).

Consagrou-se, também, a noção de "despedida discriminatória", tida por ineficaz ou radicalmente nula (art. 32). Trata-se de despedida que tem por motivo o fato de exercer o empregado atividade sindical ou de representação dos trabalhadores; em razão de cor, raça, sexo, estado civil, religião, opinião política ou origem social; ou pela propositura de ação judicial contra o empregador. Esta suposta despedida é simplesmente uma aparência de despedida, um ato ineficaz, ante a presença de vício insanável. A consequência da torpeza ou ilicitude da causa será a declaração de ineficácia *ex tunc* do ato (não sua mera nulidade ou improcedência da despedida, que daria ensejo a uma indenização). Neste caso, o empregado seria readmitido com direito aos salários, como se a despedida não tivesse ocorrido[9].

A regulação da extinção do contrato de trabalho, que provinha basicamente da Lei de Contrato de Trabalho, de 1944, e da Lei de Relações de Trabalho, de 1976, foi substituída pelo Capítulo Terceiro, Seção 4ª, do Estatuto dos Trabalhadores (Lei 8/1980, de 10 de março), arts. 49 a 56. Esta lei dá execução prática à determinação contida no art., 35, parágrafo 2, da Constituição, de 1978 ("A lei regulará um estatuto dos trabalhadores").

A orientação geral da regulação do término do contrato de trabalho, oriunda da legislação revogada, de proscrever a despedida arbitrária, foi mantida pelo Estatuto dos Trabalhadores. O direito do trabalho espanhol continuou a desconhecer a despedida *ad notum* ou sem causa. Entretanto, o ordenamento jurídico deve enfrentar o fato possível de o empresário despedir o empregado (manifestando unilateralmente a decisão de pôr termo à relação de trabalho), sem alegação e prova de causa, ou com alegação e provas de causa que a lei não considere suficiente para produzir aquele resultado, não somente qualificando a despedida como ilegítima ou antijurídica, mas também prevendo a consequência própria da antijuridicidade. Para tal fim, duas são as possíveis medidas: 1ª – privar o ato de sua consequência normal, decretando a ineficácia ou nulidade da despedida, com a consequente readmissão do trabalhador despedido; 2ª – acrescentar ao ato consequências anormais não desejadas por seu autor, sanções em sentido estrito, configuradas como indenizações compensatórias ou punitivas em favor do trabalhador.

(9) SAGARDOY, Juan Antonio. *La terminación del contrato de trabajo.* Madri: Instituto de Estudios Económicos, 1980. p. 149-178; BAYON CHACON, G; PEREZ BOTIJA, E. *Manual de Derecho del Trabajo.* 12. ed. Madri. Marcial Pons, 1978. v. II, p. 448-488; ALONSO OLEA, Manuel. *Derecho del Trabajo.* 5. ed. Madri: Universidad de Madrid, 1978. p. 269-313; ALONSO GARCÍA, Manuel. *Curso de Derecho del Trabajo. Op. cit.*, p. 573-599.

O Estatuto dos Trabalhadores manteve a tradicional classificação das despedidas, proveniente da legislação anterior. Segundo o Estatuto, a despedida pode ser procedente, improcedente ou nula (art. 55.2).

Segundo o disposto no art. 55.3, a despedida será declarada procedente quando provada a falta disciplinar alegada pelo empregador na carta de comunicação da dispensa. Ainda de acordo com o mesmo dispositivo, a despedida será declarada improcedente quando o empregador, havendo cumprido os requisitos formais exigidos (comunicação escrita ao empregado informando a causa da despedida, e concessão de aviso prévio), não provar os fatos descritos na carta de despedida, ou a gravidade da falta imputada ao empregado.

A despedida será nula quando o empregador não cumprir os requisitos formais acima indicados (art. 55.3) ou quando ela for considerada discriminatória. O art. 17.1 declara nulas as decisões unilaterais do empregador (a despedida é, sem dúvida, decisão unilateral do empregador) que contenham discriminações. As discriminações expressamente vedadas são as relativas a sexo, origem, estado civil, raça, condição social, ideias religiosas ou políticas, adesão ou não a sindicato, causas às quais a lei de integração dos deficientes, de 1982, acrescentou a deficiência física ou mental.

Quanto aos efeitos da despedida, variam de acordo com a classificação acima elaborada, segundo seja declarada procedente, improcedente ou nula.

Se a despedida é procedente, a extinção do contrato de trabalho não dá ao empregado direito nem a indenização nem a salários de tramitação (art. 55.5).

Quando a despedida é declarada improcedente, a condenação é sempre alternativa (ou readmissão ou indenização), cabendo ao empregador a opção. Como prescreve o art. 56.1, sendo a despedida improcedente, o empregador, no prazo de cinco dias da data da notificação da sentença, poderá optar entre a readmissão do empregado ou o pagamento de uma indenização correspondente a quarenta e cinco dias de salário por ano de serviço, até o máximo de quarenta e dois meses de salário.

O efeito da declaração de nulidade da despedida é a readmissão imediata do empregado (art. 55.4), nas mesmas condições de trabalho anteriores à despedida, prosseguindo a execução do contrato de trabalho sem solução de continuidade. Esta condenação, ao contrário do que ocorre no caso da despedida improcedente, não tem alternativa possível e há de ser cumprida em seus próprios termos. O mesmo dispositivo impõe o pagamento dos salários de tramitação, ou seja, aqueles que o empregado deixou de receber, desde a despedida até a readmissão.

O Estatuto dos Trabalhadores de 1980 introduziu uma novidade na regulação da execução da sentença que julga improcedente a dispensa: se entre a data do ajuizamento da demanda e da sentença transcorrerem mais de sessenta dias, o que exceder dos salários de tramitação "será por conta do Estado" (art. 56.5). Contudo, o Estado só responde pela demora verificada na tramitação do processo quando esta não seja imputável às partes. Acrescenta o art. 56.1, *b,* a regra segundo a qual podem ser deduzidos do montante devido a título de salários de tramitação aqueles que o trabalhador despedido tiver auferido em outro emprego, depois da dispensa e antes da readmissão.

Regula o Estatuto, também, a extinção do contrato de trabalho por força maior e por causas tecnológicas ou econômicas, que costumam provocar despedidas coletivas (art. 49.8 e 9; art. 51), mas não há referência expressa à modalidade coletiva. A existência de força maior deve ser apurada pela autoridade competente (art. 51.1), que, no caso, é a autoridade administrativa, não judicial. A despedida por motivos econômicos ou tecnológicos depende de autorização da autoridade competente (a administrativa), art. 51.2. O empregador é obrigado a comunicar sua intenção de despedir ao comitê de empresa ou delegado do pessoal e também à autoridade administrativa. Abre-se um período de "discussão e consultas", de trinta das improrrogáveis. Celebrado acordo entre o empregador e os representantes dos trabalhadores, a autoridade administrativa, no prazo de quinze dias, autoriza as despedidas (art. 51.5). A indenização, caso sejam autorizadas as despedidas, será de vinte dias por ano de serviço, com um máximo de doze mensalidades (art. 51.10). Os procedimentos acima descritos são simplificados (ex: redução dos prazos à metade), se a empresa tiver em seu serviço menos de cinquenta empregados (art. 51.13).

Também é regulada de forma específica a despedida por causas objetivas (ex: inaptidão ou falta de adaptação do trabalhador às modificações técnicas operadas em seu posto de trabalho (art. 52). A indenização, neste caso, é de vinte dias de salário por ano de serviço, limitada a doze mensalidades art. 52.1, *b*).

O Estatuto dispõe que o exercício do direito de ação do empregado contra a despedida está sujeito ao prazo de decadência de vinte dias úteis (art. 59.3) [(10)].

A Lei 11/1994, de 19 de maio, regula a despedida coletiva, mediante dispositivos mais tarde acolhidos pelo Estatuto dos Trabalhadores, de 1995. A despedida coletiva é herdeira da "extinção por causas tecnológicas ou econômicas", provinda da legislação anterior, embora ampliando tais causas com a expressão "causas econômicas, técnicas, organizativas ou de produção". A nova nomenclatura adotada pela legislação espanhola teve o propósito de adequar a terminologia à Diretiva 75/129/CEE, modificada pela Diretiva 92/56/CEE.

A despedida efetuada pelas mesmas causas por uma empresa pode ser individual ou coletiva, em função da presença, ou não, de determinados requisitos.

---

(10) ALONSO OLEA, Manuel. *El Estatuto de los Trabajadores* – texto y comentário breve. Madri: Civitas, 1980. p. 161-209; ALONSO OLEA, Manuel; CASAS BAAMONDE, María Emilia. *Derecho del Trabajo.* 10. ed. Madri: Facultad de Derecho Universidad Complutense, 1987. p. 359-457; SALA FRANCO, Tomás (dir.). *Derecho del trabajo.* 6. ed. Valencia: Tirant lo Blanch, 1991. p. 736-844; MARTIN VALVERDE, Antonio *et al. Derecho del Trabajo.* Madri: Tecnos, 1991. p. 532-573.

Os requisitos da dispensa coletiva são de diversa natureza: uns são meramente quantitativos, relativos ao número de trabalhadores afetados pela medida com referência ao efetivo total da empresa; outros são temporâneos, necessários para computar a totalidade das despedidas efetuadas pela empresa pelas mesmas causas, em um determinado período de tempo; por sua vez, uns e outros são correlacionados.

Entende-se por despedida coletiva a extinção de contratos por causas econômicas, técnicas, organizativas e de produção que, em um período de noventa dias, afete pelo menos: a) dez trabalhadores, nas empresas com menos de cem empregados; b) dez por cento do número de trabalhadores da empresa naqueles que tenham entre cem e trezentos empregados; c) trinta trabalhadores nas empresas que tenham trezentos ou mais empregados.

O procedimento de despedida coletiva consta de uma dupla tramitação, que se dá simultaneamente: a) solicitação à autoridade administrativa para que autorize a despedida; b) abertura de um período de consultas entre o empregador e os representantes dos trabalhadores.

Autorizada a dispensa coletiva pela autoridade administrativa, a empresa pagará aos trabalhadores a indenização de vinte dias de salário por ano de serviço, com o máximo de doze mensalidades[11].

O Real Decreto Legislativo 1/1995, de 24 de março, aprovou o texto refundido da Lei do Estatuto dos Trabalhadores, que entrou em vigor em 1º de maio de 1995.

A Lei do Estatuto dos Trabalhadores, de 1995, reproduz a normatividade provinda da legislação anterior sem modificações significativas, apenas sistematizando a regulação dos institutos descritos acima. Assim é que, relativamente à extinção do contrato de trabalho por iniciativa do empregador, dispõem os seguintes dispositivos: art. 49 – extinção do contrato; art. 51 – despedida coletiva; art. 52 – extinção do contrato por causas objetivas; art. 53 – forma e efeitos da extinção por causas objetivas; art. 54 – despedida disciplinar; art. 55 – forma e efeitos da despedida disciplinar; art. 56 – despedida improcedente; art. 57 – pagamento pelo Estado. O prazo de decadência para a propositura da ação é regulado pelo art. 59.3 sem alteração relativamente à sistemática anterior[12].

---

(11) FERNÁNDEZ SÁNCHEZ, Leodegario. Despido colectivo/regulación de empleo. In: *Extinción del contrato de trabajo*. Madrid: Ediciones Francis Lefebvre. 1998. p. 363-387; MONTOYA MELGAR, Alfredo. *Derecho del trabajo.* 19. ed. Madri: Tecnos, 1998. p. 482-493.

(12) ALLONSO OLEA, Manuel; BARREIRO GONZÁLEZ, Germán. *El Estatuto de los trabajadores.* 4. ed. Madri. Civitas. 1995. p. 232-294; BARRENECHEA SUSO, Jon; FERRER, Miguel A. *El Estatuto de los trabajadores.* Bilbao: Deusto, 1997. p. 286-346; PALOMEQUE LÓPEZ, Manuel Carlos; ALVAREZ DE LA ROSA, Manuel. *Derecho del trabajo.* 9. ed. Madri: Centro de Estudios Ramón Areces, 2001. p. 971–1.026.

No curso de uma prolongada crise econômica em que se debate a Espanha, a braços com elevados índices de desemprego, buscou-se reduzir, por via legislativa, o custo da dispensa. Na suposição de que a redução dos custos salariais insere-se entre as medidas que embasam a política de incentivo à criação de empregos, de acordo com um discurso economicista bastante conhecido, tentou-se limitar os salários de tramitação e, em consequência, abolir a responsabilidade do Estado pelo pagamento dos salários correspondentes ao período que ultrapassa os sessenta dias contados do ajuizamento da ação, em caso de reintegração do empregado, sempre que a dispensa fosse declarada improcedente ou nula.

Com o propósito de melhorar o funcionamento do mercado de trabalho e de proporcionar acesso ao emprego àqueles que dele carecem, o Real Decreto-lei 5/2002, de 24 de maio, operou uma reforma consistente, entre outras medidas, em reduzir as hipóteses em que são devidos os salários de tramitação e, em decorrência natural, aliviar as empresas dos custos associativos à despedida injustificada. Como consequência lógica, deixou-se de imputar ao Estado a responsabilidade pelo pagamento dos salários de trâmite excedentes dos sessenta dias contados da propositura da demanda de impugnação da dispensa.

Deu-se nova redação ao art. 56 da lei do Estatuto dos Trabalhadores, de tal maneira que só no caso de readmissão do trabalhador teria este direito aos salários deixados de receber, nos termos previstos pelo art. 57 da mesma lei. E o art. 57 também recebeu nova redação, da qual foi excluída a possibilidade de pagamento pelo Estado dos salários de tramitação que ultrapassam os sessenta dias, eventualidade que perdeu o sentido. Segundo disposto no art. 57.2, se o trabalhador tivesse encontrado outro emprego antes da sentença e se o empregador provasse o montante percebido, esta importância seria descontada dos salários deixados de receber. O mesmo ocorria com as prestações por desemprego[(13)].

Grande foi o descontentamento gerado pela promulgação do real decreto-lei, que provocou uma greve geral dos trabalhadores espanhóis. Logo sobreveio a contrarreforma, por intermédio da Lei n. 45/2002, que derrogou o Real Decreto-lei n. 5 e repristimou o regime estabelecido pela Lei do Estatuto dos Trabalhadores. Hoje, a regulação da extinção do contrato de trabalho por iniciativa do empregador é a constante da referida lei do Estatuto dos Trabalhadores[(14)].

### 3.5. França

A evolução histórica da extinção do contrato de trabalho por iniciativa do empregador tem início no quadro geral de uma filosofia puramente liberal. A Lei

(13) SEMPERE NAVARRO, Antonio V.; CARDEAL CARRO, Miguel (Dir. e Coord.). *La reforma del despido y del desempleo.* Murcia: Ediciones Laborum, 2002.

(14) BAYLOS GRAU, Antonio; PÉREZ REY, Joaquín. *A dispensa ou a violência do poder privado.* Tradução de: Luciana Caplan. São Paulo: LTr, 2009.

*Le Chapelier*, de 17 de junho de 1791, proibiu a coalizão operária, e seu relator sustentava que as relações de trabalho deveriam ser fixadas pelo livre acordo entre os indivíduos.

O Código Civil, de 1804, consagrou o princípio geral da autonomia da vontade no art. 1.134. No vácuo das disposições legais ou regulamentares, cabia aos particulares dispor sobre o conteúdo da relação de trabalho e bem assim sobre seu término. Só uma limitação era oposta à autonomia dessas vontades: o art. 1.780 estabeleceu que só se poderia contratar serviços temporariamente ou para obra certa. A lei de 27 de dezembro de 1890, explicitando e consagrando essa orientação, tirou a consequência lógica: dispôs que "a locação de serviços, feita sem duração determinada, pode sempre cessar pela vontade de uma das partes contratantes". Essa regra fundamental do direito de resilição unilateral (que cabia a ambos os contratantes) foi reproduzida pelo art. 23, primeira alínea, do livro I do Código do Trabalho, de 1910,

Tal concepção civilista traduzia, no plano jurídico, as noções econômicas liberais. Assim como o empregador pode, no "mercado de trabalho", escolher os empregados que lhe convêm, é livre de, a qualquer momento, despedi-los quando a empresa deles não mais necessitar. O exercício do direito de resilição unilateral por qualquer das partes não acarretaria, em consequência, responsabilidade alguma. É certo, contudo, que a jurisprudência aplicava a construção civilista do abuso de direito, em certos casos, quando exercido o direito de resilição unilateral. Essa solução veio a ser consagrada pelas leis de 17 de dezembro de 1890 e de 19 de julho de 1928 – solução insatisfatória, ante a exigência de prova formal, a cargo do autor da ação (o empregado despedido), do motivo ilícito que lastreou a despedida[(15)].

Logo se percebe o caráter artificial do postulado de liberdade e de reciprocidade quando da ruptura do vínculo contratual: para o empregador, a despedida não constitui embaraço de maior monta, porque facilmente ele encontra substituto, mas, para o trabalhador, abre-se o drama do desemprego. Daí a necessidade de tratar legislativamente de maneira distinta as hipóteses de demissão (iniciativa do empregado) e despedida (iniciativa do empregador).

As convenções coletivas de trabalho passaram a prever prazos de aviso prévio e de indenizações por despedida em favor do empregado que não cometeu falta grave, o que foi previsto por uma ordenança de 13 de julho de 1967. Ficou reco-

---

(15) PIC, Paul; KRÉHER, Jean. *Le nouveau droit ouvrier français*. Paris: LGDJ, 1943. p. 199-206; ROUAST, André; DURAND, Paul. *Précis de legislation industrielle*. Paris: Dalloz, 1948. p. 380-394; CAPITANT, Henri; CUCHE, Paul. *Précis de legislation industrielle*. 5. ed. Paris: Dalloz, 1939. p. 462-480; LYON-CAEN, Gérard. *Manuel de Droit du Travail et de Securité Sociale*. Paris: LGDJ, 1995. p. 204-217; AUTIÉ, Daniel. *La rupture abusive du contrat de travail*. Paris: Dalloz, 1955; DURAND, Paul; VITU, André. *Traité de Droit du travail*. II. Paris: Dalloz, 1950. p. 836-915; VICENT, Jean. *La dissolution du contrat de travail*. Paris: LGDJ, 1935. p. 461-494; VOULET, Jacques. *La rupture du contrat de travail*. Paris: J. Delmas, 1972.

nhecido o especial prejuízo causado pela despedida e bem assim a necessidade de remediá-lo mediante técnicas específicas. Distinguiram-se perfeitamente a demissão e a despedida: enquanto a primeira representa uma recuperação da liberdade por parte do trabalhador, a outra constitui uma função exercida pelo empregador para assegurar o bom funcionamento da empresa.

A jurisprudência girava em torno de um duplo princípio: o abuso de direito no ato da resilição acarretava a responsabilidade do empregador; e, quanto à prova, cabia ao empregador o ônus de provar o motivo que justificava a dispensa.

Estava preparado o terreno para a reforma da legislação reguladora da despedida. Em 1969, os interlocutores sociais celebraram um acordo nacional interprofissional sobre a segurança do emprego, que introduziu sensíveis alterações na regulação da despedida.

A Lei n. 73-630, de 13 de julho de 1973, dispõe sobre o direito de resilição unilateral do contrato de trabalho de duração indeterminada, prevendo uma proteção prévia contra a despedida (procedimento prévio) e exigindo uma causa real e séria que fundamente a decisão patronal de despedir. Introduzida no Código do Trabalho, ela vai constituir os arts. L. 122-14 e segs. e, sem dúvida, reflete a influência dos ordenamentos alemão e italiano.

Após a lei de 1973, um novo acordo nacional interprofissional, de 1974, institui uma prestação econômica suplementar em favor dos trabalhadores despedidos por motivos econômicos e, a seguir, a lei de 3 de janeiro de 1975 regula as despedidas por causa econômica, tanto as individuais quanto as coletivas.

A legislação então promulgada refletia os efeitos da crise econômica dos anos 1970, que já se faziam sentir. A despedida por motivo econômico passou a reger-se por um procedimento especial, com uma fase de consulta às instituições representativas do pessoal e uma fase de intervenção do Estado com a autorização administrativa para a dispensa.

As modalidades de despedida podem ser classificadas a partir de um duplo par: de um lado, despedidas por motivos pessoais e despedidas por motivos econômicos; de outro, despedidas individuais e despedidas coletivas. Não se podem equiparar despedidas por motivo pessoal e despedidas individuais, por um lado, e despedidas por motivo econômico e despedidas coletivas, por outro. Uma despedida individual pode ter causa tanto pessoal quanto econômica. Por seu turno, uma despedida por motivo econômico pode afetar tanto um trabalhador singularmente considerado como uma pluralidade de trabalhadores.

A lei de 3 de janeiro de 1975 regula hipóteses de supressão do emprego: o empregador não pode substituir o empregado despedido por outro, para ocupar o mesmo posto de trabalho. Os motivos econômicos da despedida podem ser de ordem conjuntural ou estrutural (art. L. 321-4). Muitas vezes, uma redução de atividade provocada pela conjuntura econômica obriga a empresa a reduzir o pessoal. Por sua vez, casos de supressão de empregos podem ser devidos a mudanças na estrutura da empresa, determinadas, por exemplo, por concentração econômica ou alterações nos procedimentos técnicos de produção (automação, etc.).

Uma das principais inovações introduzidas pela lei de 13 de julho de 1973 foi instituir o controle judicial dos motivos da dispensa, que devem ser reais e sérios. Na verdade, o legislador não fixou diretamente a regra de que toda despedida deve ser justificada por um motivo real e sério. Ele se refere aos motivos da despedida em dois textos: o art. L. 122-14-2 obriga o empregador a expor, a pedido do empregado, as causas reais e sérias da despedida; e o art. L. 122-14-3 dispõe que incumbe ao juiz apreciar o caráter real e sério dos motivos invocados pelo empregador. O legislador apenas ensejou um controle *a posteriori* da legitimidade da despedida, sem submetê-la a uma condição de validade ou eficácia. Qualquer que seja o motivo, a despedida deliberada pelo empregador produz efeito, em virtude do seu direito de resilição do contrato de duração indeterminada. O que o empregado pode fazer é postular judicialmente a apreciação do caráter real e sério dos motivos invocados pelo empregador.

As sanções impostas ao empregador em caso de despedida injustificada variam de acordo com o caso. Em regra geral, a sanção é a prevista pelo art. L. 122-14-4: consiste em uma indenização paga ao empregado, que não pode ser inferior aos salários dos seis últimos meses, a menos que as partes prefiram a reintegração do trabalhador no emprego. Este dispositivo, porém, não se aplica: a) às despedidas coletivas por motivo econômico; b) às despedidas verificadas nas empresas com menos de onze empregados; c) aos empregados que contem menos de dois anos de tempo de serviço. Nestas hipóteses, incumbe ao juiz fixar o montante das perdas e danos a cargo do empregador.

A lei de 1973 impôs requisitos formais à despedida: estabeleceu um procedimento escalonado, que compreende três etapas: a primeira, prévia ao ato de dispensa, consiste na convocação do empregado e na entrevista entre este e o empregador; as outras duas, posteriores à despedida, têm por finalidade levar ao conhecimento do empregado a decisão de despedi-lo (notificação da dispensa) e informá-lo por escrito das causas reais e sérias da decisão.

A estes requisitos formais, a lei de 1973 acrescentou requisitos de fundo: a exigência de um motivo real e sério. A lei não define causa real e séria, ficando a cargo da doutrina e da jurisprudência sua caracterização. Causa real é o motivo concreto e preciso, que exclui prejuízos e conveniência pessoais, assim como inexatidão dos fatos alegados. A causa é séria quando o fato imputado ao trabalhador revestir gravidade de tal intensidade que torne impossível, sem prejuízo para a empresa, a continuidade da relação de trabalho.

A despedida coletiva por motivos econômicos, de acordo com a lei de 3 de janeiro de 1975, exige o preenchimento de requisitos de ordem formal, tais como informação e consulta aos representantes do pessoal (comitê de empresa ou de estabelecimento ou, quando não existirem, delegados do pessoal) e autorização administrativa, devendo ser sempre verificada a realidade dos motivos invocados para justificar as despedidas.

O descumprimento, pelo empregador, das formalidades prescritas por lei para as despedidas coletivas sujeita o empregador a sanções de ordem penal e civil. Entre as primeiras encontram-se as multas, fixadas em função do número de empregados afetados. As sanções civis consistem em uma indenização por perdas e danos, sem prejuízo de outras indenizações previstas em leis, regulamentos ou convenções coletivas de trabalho (art. L. 321-12)(16).

A lei de 4 de agosto de 1982, relativa às liberdades do trabalhador na empresa, dispôs que às despedidas por motivo disciplinar não se aplicariam as regras do direito comum da dispensa. A lei de 3 de julho de 1986 e duas leis de 30 de dezembro de 1986, dispondo essencialmente sobre as dispensas por motivo econômico, alteraram a legislação aplicável à despedida. Uma lei de 2 de agosto de 1989 e a alteração, ocorrida em 22 de junho de 1989, ao acordo nacional interprofissional de 20 de outubro de 1986, modificaram também o direito da despedida em numerosos pontos.

A lei de 1989 introduziu um procedimento de gestão preventiva de emprego tornando obrigatória uma negociação anual na empresa, além de, entre outras medidas, dificultar a dispensa dos trabalhadores com idade superior a 55 anos.

A partir de 1988, a jurisprudência passou a admitir que, sendo nula a despedida que viola direitos fundamentais do trabalhador, cabe ao juiz determinar a reintegração do empregado, se necessário com a imposição de *astreintes*, tal como ocorre quando da despedida de um representante do pessoal. Trata-se de hipóteses de exercício abusivo do direito de despedir, sempre que atingida a dignidade do trabalhador, quando o ato patronal reveste caráter vexatório e anormal (abuso do direito de despedir) (17).

---

(16) JAVILLIER, Jean-Claude. *Droit du travail.* Paris: LGDJ, 1978. p. 245-341; CAMERLYNC, G. H.; LYON-CAEN, Gérard. *Droit du travail.* 9. ed. Paris: Dalloz, 1978. p. 107-203; CAMERLYNCK, G. H. Le contrat de travail. In: *Droit du Travail* (publié sous la direction de G. H. Camerlynck). 2. ed. Paris: Dalioz, 1982. t.1, p. 354-634; RIVERO, Jean; SAVATIER, Jean. *Droit du Travail.* 9. ed. Paris: POT, 1984. p. 497-534; RONGÈRE, Pierrette. *Le licenciement.* Paris: Les Editions Ouvrières, 1977; PÉLISSIER, Jean. *Le nouveau droit du licenciement.* Paris: Sirey, 1977; TEYSSIÉ, Bernard. *Droit du Travail.* Paris: Librairies Techniques, 1980. p. 352-407.

(17) CHALMEL, Patrick. *Le nouveau droit du licenciement après la loi de 1989.* Paris: Les Editions d' Organisation, 1990; LYON-CAEN, Gérard; PÉLISSIER, Jean. *Droit du Travail.* 16. ed. Paris: Dalloz, 1992. p. 258-301; PANSIER, Frédéric-Jérôme. *Droit du Travail.* 2. ed. Paris: Litec, 2000. p. 199-208; COUTURIER, Gérard. *Droit du Travail I* – Les relations individuelles de travail. Paris: PUF, 1990. p. 220-222; MAZEAUD, Antoine. *Droit du Travail.* 2. ed. Paris: Montchrestien, 2000. p. 411-417; VERDIER, Jean-Maurice *et al. Droit du Travail.* 11. ed. Paris: Dalloz, 1999. p. 428-482; PÉLISSIER, Jean; SUPIOT, Alain; JEAMMAUD, Antoine. *Droit du Travail.* 23. ed. Paris: Dalloz, 2006. p. 515-629.

Tema conexo ao da extinção do contrato de trabalho por iniciativa do empregador é o dos efeitos do recibo de plena e geral quitação passado pelo empregado quando da cessação do ajuste. O art. L. 122-17 do antigo Código do Trabalho atribuía ao recibo redigido em termos gerais o mesmo efeito da transação, embora admitisse sua denúncia dentro de dois meses contados da assinatura. As controvérsias suscitadas por esse dispositivo cessaram com a promulgação da lei de 17 de janeiro de 2002, segundo a qual o recibo não tem por efeito prevenir os litígios relativos à resilição do contrato de trabalho. Ele vale apenas como recibo das quantias especificadas e não impede a ação judicial. Entretanto, a Lei n. 2008-596, de 25 de junho de 2008, sobre a modernização do mercado de trabalho, alterou a regulação da matéria, restabelecendo o efeito liberatório do recibo de plena e geral quitação (*reçu pour solde de tout compte*), tal como dispõe atualmente o art. L. 1.234-20 do Código do Trabalho. O efeito liberatório, contudo, é retardado. O empregado tem o prazo de seis meses para denunciá-lo. Só após o decurso desse prazo, o recibo produz efeito liberatório.

A Lei n. 2008-67, de 21 de janeiro de 2008, deu nova redação ao Código do Trabalho. O novo diploma legal, que substitui o antigo, derivado da reforma de 22 de janeiro de 1973, entrou em vigor em 1º de maio de 2008. Não introduziu, porém, sensíveis alterações na regulação do término do contrato de trabalho. Além da modificação pertinente ao efeito liberatório do recibo de plena e geral quitação, acima referido, o novo código acolheu a criação da ruptura de comum acordo do contrato de trabalho.

A retromencionada lei de 25 de junho de 2008, que dispõe sobre a modernização do mercado de trabalho, acolhendo as disposições do acordo nacional interprofissional de 11 de janeiro de 2008, entre outras medidas, introduziu no novo código do trabalho a ruptura de comum acordo do contrato de trabalho (art. L. 1.237-11). Nos termos deste preceito legal, é instituído um regime específico da ruptura convencional do contrato de trabalho. As partes devem respeitar um procedimento prévio: entrevistas, no curso das quais o empregado e o empregador podem ser assistidos por especialistas de sua confiança; exigência de um termo escrito, do qual conste a data da ruptura; previsão de um prazo de retratação de 15 dias; homologação do acordo pela autoridade administrativa. O empregado tem direito a uma indenização específica, cujo valor não pode ser menor do que o da indenização por despedida injustificada e também se beneficia do seguro-desemprego.

Outra modificação introduzida pela lei de 2008, sobre a modernização do mercado de trabalho, diz respeito à indenização por despedida sem justa causa. Anteriormente, só teria direito à indenização o empregado que contasse mais de dois anos de casa. Por força da nova regulação (art. L. 1.234-9), o tempo de serviço foi reduzido para um ano. A citada lei de 2008 também revogou a regra que previa indenizações diferentes, segundo se tratasse de despedida por motivo econômico ou pessoal (anteriormente, o montante da indenização legal da despedida por motivo econômico era dobrado, da mesma forma como quando a causa da despedida fosse inaptidão de empregado de natureza profissional). Agora, o critério de cálculo da indenização é um só para todas as hipóteses.

O montante da indenização é fixado de acordo com o tempo de serviço e o salário percebido pele empregado. A referência ao tempo de casa é de origem legal (Código do Trabalho), mas as modalidades de cálculo da indenização são fixadas por decreto (parte regulamentar do Código do Trabalho). De acordo com o disposto no art. R. 1.234-2, a indenização por despedida não pode ser inferior a um quinto de mês de salário por ano de serviço; se o empregado contar mais de dez anos de casa, devem ser acrescentados dois quinze avos por ano de serviço, o que resulta em dois meses de salário aos dez anos de serviço ou 5 meses e 1/3 para 20 anos de serviço.

Certas profissões (como jornalista e vendedor pracista) têm direito a indenizações específicas (mais elevadas).

Normalmente, a indenização por despedida é regulada por convenções e acordos coletivos de trabalho, que prevalecem – é óbvio – sobre as disposições legais e regulamentares, quando mais vantajosas para o trabalhador.

Para os empregados que ocupam os mais elevados postos na hierarquia da empresa, as indenizações mais favoráveis são às vezes previstas no contrato individual. Geralmente muito altas, são identificadas com cláusulas penais e obedecem a regime tributário próprio Por tal razão, suspeita-se de fraude e, em virtude do preceituado pelo art. 1.152 do Código Civil, podem ser anuladas ou reduzidas pelo juiz [(18)].

### *3.6. Itália*

Do ponto de vista do direito civil, a extinção dos contratos de duração indeterminada se dá mediante aviso prévio e sem causa declarada (resilição *ad nutum*). Esta forma de extinção se denomina *recesso*. O *recesso* tem origem na vontade das partes e, quando a iniciativa é do empregado, recebe a denominação de demissão (*dismissione*); quando a iniciativa é do empregador, denomina-se despedida (*licenziamento*). A extinção por iniciativa do empregado é *recesso* livre, tanto na forma quanto na substância. Já a deliberada pelo empregador está sujeita a limitações, quer quanto ao aspecto formal quer quanto ao material, e apresenta uma evolução digna de nota.

---

(18) LOBRY, Claude. *Droit du Travail et securité sociale*. Paris: Chiron, 2009. *passim*; LARDY-PELISSIER, Bernadette *et al. Le nouveau Code du Travail annoté.* 29. ed. Paris: Groupe Revue Fiduciaire, 2009. *passim*; DUQUESNE, Franois. *Le nouveau Droit du Travail.* Paris: Gualino, 2009. p. 261-371; DOCKES, Emmanuel. *Droit du Travail.* 4. ed. Paris: Dalloz, 2009. p. 347-428; FAVENNEC-HÉRY, Françoise; VERKIND, Pierre-Yves. *Droit du Travail.* 2. ed. Paris: LGDJ, 2009. p. 497-578.

Segundo o Código Civil, de1942, e deixando de lado a hipótese de despedida por justa causa, isto é, sem aviso prévio (*licenziamento in tronco*), nos termos do art. 2.119, o princípio geral era o da despedida *ad nutum* regulada pelo art. 2.118. Segundo essa norma, de clara inspiração liberal, qualquer dos contratantes pode resilir o contrato de trabalho por tempo indeterminado, com a única obrigação de dar ao outro um aviso prévio. Era, portanto, consagrado o princípio de liberdade e de reciprocidade na extinção do contrato. O empregador deveria apenas dar ao empregado aviso prévio e pagar-lhe uma indenização, dita indenização de antiguidade.

No período pós-guerra, o direito que tem o empregador de despedir o empregado sofre limitações, progressivamente. O primeiro passo nessa direção foi dado pela lei de 9 de janeiro de 1963, n. 7, que proíbe a despedida da mulher por causa de matrimônio. Em pouco tempo, seguem-se leis de alcance mais geral e conteúdo garantista mais penetrante. Trata-se da lei de 15 de julho de 1966, n. 604, que transformou a despedida de decisão livre em ato causal, e da lei de 20 de maio de 1970, n. 300, que altera profundamente as consequências jurídicas da despedida injustificada, consagrando o período da estabilidade real (reintegração).

Por força dessa nova legislação, a despedida *ad nutum*, ou seja, a dispensa com aviso prévio e sem necessidade de alegar causa alguma, só pode ocorrer nos seguintes casos: a) empresas que tenham quinze ou menos empregados (cinco, se forem empresas agrícola); b) altos cargos; c) contratos com cláusula de experiência; d) trabalhadores que na data da despedida têm direito a aposentar-se. Além da figura da despedida *ad nutum*, o Código Civil também contempla a figura da despedida por justa causa. O art. 2.119, parágrafo 1º, estipula que cada parte pode desistir do contrato sem aviso prévio, se este for por tempo indeterminado, quando se verificar uma causa que não consinta o prosseguimento, nem mesmo provisório, da relação (é o já mencionado *recesso in tronco*).

Convém observar que a superação da normatividade provinda do Código Civil se deve em grande parte à atividade sindical, além da influência exercida por parte da doutrina trabalhista italiana. A conservação do posto de trabalho por parte do trabalhador constituiu objeto de acordos interconfederais, valendo a citação, para o setor da indústria, de um acordo de 1947, substituído por dois acordos de 1950, respectivamente para as despedidas individuais e para as despedidas coletivas para redução de pessoal. Estes acordos foram substituídos por dois outros em 1965, um em 29 de abril para as despedidas individuais e outro, em 5 de maio, para as despedidas coletivas.

Inicialmente, o art. 11 da Lei n. 2.604, de 1966, fixa em 35 o número mínimo de empregados que a empresa deveria ter, para que seus dispositivos fossem aplicados. Este número foi reduzido para 15 empregados pelo art. 35 da Lei n. 300, de 1970, quando se tratar de empresas comerciais ou industriais; para as empresas agrícolas, o número de empregados é reduzido para 5.

O princípio fixado pela legislação que impõe limites ao direito patronal de despedir é o de que, nos contratos de trabalho celebrados por tempo indeterminado, só se pode despedir o trabalhador por justa causa ou por motivo justificado. Desaparece, portanto, a possibilidade de despedida *ad nutum*. A causalidade da despedida não é a única limitação existente na legislação. A própria Lei n. 604 impôs outros requisitos, de natureza formal, como veremos adiante.

O art. 1º da Lei n. 604 estabelece que a despedida só pode ocorrer ou por justa causa, no sentido do art. 2.119 do Código Civil, ou por motivo justificado. Já foi examinada a noção da justa causa (art. 2.119, parágrafo primeiro, do Código Civil). Cabe considerar, agora, o "motivo justificado", que constitui, realmente, a inovação digna de nota da Lei n. 604.

O conceito de motivo justificado é ministrado pela própria lei, que considera justificado o motivo determinado por notável inadimplemento das obrigações contratuais por parte do empregado ou por razões inerentes à atividade produtiva, à organização do trabalho e a seu regular funcionamento. Portanto, a noção de motivo justificado pode ser considerada em duas acepções: a) de caráter subjetivo, consistente em fato próprio do trabalhador, que incorre em descumprimento das obrigações derivadas do contrato de trabalho; b) de índole objetiva, que depende das exigências da empresa, conectando-se com razões ligadas ao processo de produção.

A Lei n. 604 cerca o ato da dispensa de formalidades, tidas como *ad substantiam* pela doutrina e pela jurisprudência. O empregador é obrigado a comunicar por escrito a despedida ao empregado, que, dentro do prazo de oito dias da comunicação pode pedir a especificação dos motivos que determinaram a dispensa. Se o trabalhador assim proceder, o empregador deverá comunicá-los no prazo de cinco dias, contados da solicitação. O art. 2º, terceiro parágrafo, da Lei n. 604 declara ineficaz a despedida operada sem observância das referidas formalidades. Cabe observar que a lei de 11 de maio de 1990, n. 108, alterou os prazos acima especificados: com a nova redação dada ao art. 2º da Lei n. 604, o prazo para que o empregado solicite a informação dos motivos da dispensa foi ampliado para quinze dias, e o empregador, agora, tem sete dias para comunicar os motivos ao empregado, sempre por escrito.

A nova redação dada ao art. 22 da Lei n. 604 pela Lei n. 108, de 1990, não modificou a sanção de ineficácia. Agora, ela é imposta pelo art. 2º, parágrafo terceiro da Lei n. 604, nos seguintes termos: "a despedida efetuada sem observância dos requisitos formais é ineficaz". Em consequência da lei de 5 de maio de1990, n. 108, a despedida *ad nutum* é residual, sendo bastante limitada sua aplicabilidade: ela só pode ser imposta aos domésticos, aos trabalhadores com mais de 60 anos que já podem aposentar-se e aos *dirigenti* (altos cargos e cargos de confiança).

Ao lado das hipóteses de despedida ineficaz, a Lei n. 604 prevê os casos em que ela é nula. De fato, o art. 4º da Lei n. 604 proíbe, sob pena de nulidade, a despedida fundamentada em razões de crença política ou fé religiosa, pelo fato de pertencer a um sindicato ou exercer atividades sindicais, independentemente da motivação alegada. A estas hipóteses de nulidade da dispensa, o art. 15 da lei de 20 de maio de 1970 (Estatuto dos Trabalhadores) acrescenta a participação em greve e a discriminação de índole política, religiosa, racial, de língua e de sexo.

A nulidade da despedida discriminatória determina as consequências de que trata o art. 18 da Lei n. 300, qualquer que seja o trabalhador atingido pela medida e qualquer que seja a dimensão da empresa. Essas consequências consistem na ordem de reintegrar o empregado no posto de trabalho e na obrigação, para o empregador, de ressarcir o empregado pelo dano sofrido em razão da despedida.

O trabalhador pode impugnar a despedida perante o órgão judicial competente (*pretore*) dentro do prazo de sessenta dias contados do recebimento da comunicação (Lei n. 604, art. 6º). De acordo com o mesmo dispositivo legal, o prazo é de decadência, de modo que impugnações intempestivas convertem a despedida em definitiva. Quando o trabalhador não pode valer-se dos procedimentos previstos pelos contratos coletivos ou pelos acordos individuais, pode promover, dentro prazo de vinte dias contados da comunicação, a tentativa de conciliação perante a autoridade administrativa. Caso fracasse a tentativa de conciliação, as partes podem consensualmente promover a solução da controvérsia mediante arbitragem (Lei n. 604, art. 7º).

As consequências jurídicas da despedida variam de acordo com a qualificação elaborada pelo juiz. A despedida pode ser julgada: a) ineficaz; b) ilegítima; c) anulável; d) nula.

A despedida é ineficaz por defeito de forma ou por motivo de fundo: se o empregador não comunicar por escrito a despedida ao empregado ou não indicar os motivos que o levaram a tal decisão (art. 22 da Lei n. 604). Neste caso, o contrato de trabalho perdura e o empregado, mantendo-se à disposição do empregador, tem direito à remuneração integral.

A despedida é ilegítima (injustificada) se não se fundar em justa causa ou motivo justificado. Se a despedida for declarada ilegítima, o empregador é obrigado a readmitir o trabalhador no prazo de três dias. Esta obrigação, contudo, pode ser substituída, segundo a vontade do empregador, por uma indenização fixada pelo juiz em quantia que varia entre o mínimo de 2,5 e o máximo de seis meses de salário. Na fixação, serão levados em conta o número de empregados e as dimensões da empresa, a antiguidade do empregado e o comportamento e as condições das partes. O limite máximo da indenização pode ser majorado para até dez meses de salário para o empregado que contar mais de dez anos de tempo de serviço e para até quatorze meses de salário para o empregado com antiguidade superior a vinte anos. Esta última medida só se aplica a empresas com mais de quinze empregados (art. 82 da Lei n. 604, com a redação dada pela lei de 11 de maio de 1990, n. 108, art. 2º).

Este regime, estabelecido apenas para a hipótese de despedida injustificada, é denominado pela doutrina italiana regime obrigacional (*regime obbligatorio*), expressão que não deve ser traduzida por "regime obrigatório", porque não traz em si a ideia de compulsório (obrigatório = compulsório). Parte da ideia de que as obrigações de fazer (e a reintegração é uma obrigação de fazer) se convertem em perdas e danos: em vez de reintegrar o empregado, o empregador pode preferir indenizá-lo. É um regime, portanto, obrigacional, e não real, já que não assegura ao empregado estabilidade no posto de trabalho. Em outras hipóteses, que não esta, a reintegração não pode ser convertida em indenização, surgindo então o regime denominado real.

A despedida anulável é regulada pelo art. 18 da lei de 20 de maio de 1970, n. 300 (Estatuto dos Trabalhadores), diploma legal que levou ao ápice o longo processo de restrições à despedida *ad nutum*. O citado art. 18 do ET estabelece o princípio da estabilidade real no emprego e, por isso, este regime recebe da doutrina a denominação de regime real (não admite a substituição da reintegração pelo pagamento de indenização). O regime real obriga o empregador a readmitir o empregado no posto de trabalho, sob o fundamento de que a despedida violou os requisitos formais ou os requisitos de fundo (causalidade) consagrados pela lei.

Nos termos do art. 18 da Lei n. 300 (com a redação dada pelo art. 1º da lei de 11 de maio de 1990, n. 108), o juiz, na sentença com que declara ineficaz a despedida, segundo o preceituado pelo art. 22 da Lei n. 604, ou anula a despedida sem justa causa ou motivo justificado, determina que o empregador, na empresa com mais de quinze empregados ou mais de cinco empregados, se se tratar de empresa agrícola, reintegre o trabalhador no emprego. Esta sentença, portanto, declara a despedida ineficaz ou ilegítima e importa a anulação do ato patronal. A execução forçada da sentença assegura o exercício do direito ao trabalho, previsto pela Constituição, de 1948 (art. 42). A despedida injustificada é um ato nulo *ab origine* e redunda no enorme custo social do desemprego, de sorte que a lei desincentiva sua prática.

Ainda segundo o disposto no art. 18 da Lei n. 300 (com a redação da Lei n. 108), o pronunciamento judicial que anula a despedida injustificada tem duas consequências: a obrigação de reintegrar o empregado no posto de trabalho e a condenação do empregador no ressarcimento do dano causado ao empregado, que corresponde à remuneração total que ele deixou de receber desde o dia da dispensa até o da reintegração na empresa. Em caso algum a soma devida a título de ressarcimento de dano poderá ser inferior ao valor de cinco meses de salário. Ao empregado é facultado pedir ao empregador, em substituição à reintegração, uma indenização equivalente ao montante de quinze meses de salário. Caso o empregado, dentro do prazo de trinta dias do recebimento do convite do empregador para que reassuma o emprego, não se apresente, entende-se extinto o contrato de trabalho. A lei assegura, portanto, ao empregado a opção entre a reintegração e o recebimento da indenização.

A diferença substancial entre o regime real e o obrigacional é que, quando observado o regime obrigacional, nas empresas com menos de quinze empregados, o empregador pode preferir deixar de reintegrar o empregado, caso em que pagará uma indenização. Nas empresas com mais de quinze empregados, a decisão compete ao empregado e, se este optar pela reincorporação, o empregador fica obrigado a reintegrá-lo no emprego.

A despedida é nula quando fundada em motivos discriminatórios. A nulidade da despedida discriminatória, à qual se refere o art. 32 da Lei n. 108, de 1990, sob a rubrica *licenziamento discriminatorio*, já fora prevista pela lei de 15 de julho de 1966, n. 604 (art. 4º) e bem assim pelo Estatuto dos Trabalhadores (art. 18).

Eis o teor do citado art. 4º da Lei n. 604: "A despedida fundada em razões de credo político ou fé religiosa, pelo fato de pertencer a um sindicato ou participação em atividades sindicais é nula, independentemente da motivação adotada".

O art. 15 do Estatuto dos Trabalhadores fulmina de nulidade qualquer ato do empregador (inclui, portanto, a despedida) que subordina o emprego de um trabalhador à condição de aderir ou não aderir a um sindicato ou que dele se desfilie; a despedida do empregado em razão de sua filiação ou atuação sindical ou participação em greve; a despedida por motivo de discriminação política ou religiosa. À enumeração das razões de discriminação contida no referido art. 15, a lei 903/1977, art. 13, acrescenta as religiosas, raciais, de língua e de gênero.

A sanção de nulidade também é prevista para as hipóteses em que a despedida atinja a mulher por motivo de casamento (Lei de 9 de janeiro de 1963, n. 7, art. 1º) e de gravidez (Lei n. 1.204/1971, art. 2º).

A declaração judicial de nulidade tem as mesmas consequências previstas para a despedida anulável: direito ao ressarcimento do dano e reintegração do empregado.

A matéria pertinente às despedidas coletivas para redução de pessoal é explicitamente excluída da aplicação da Lei n. 604 (art. 11, segundo parágrafo). O tema da despedida coletiva constitui, porém, objeto de legislação específica, sem embargo da regulação pelos contratos coletivos de trabalho.

O acordo interconfederal de 5 de maio de 1965 obrigava as empresas que pretendiam efetuar uma redução do pessoal ou transformar sua atividade a comunicar essa intenção aos sindicatos provinciais de trabalhadores, que poderiam solicitar um encontro com os representantes da empresa, com a finalidade de tentar evitar o procedimento, no prazo de 25 dias. Se o acordo fracassasse, o empregador poderia dar curso à redução do pessoal. As despedidas para redução de pessoal deviam ser motivadas como tais. A obrigação de observar este procedimento não se aplicava às empresas com menos de 10 empregados. Os trabalhadores despedidos por redução de pessoal tinham o direito de ser readmitidos na mesma empresa se esta, dentro de um ano, admitisse novos empregados para os mesmos cargos.

Posteriormente a tal acordo, numerosos preceitos legislativos foram aprovados, todos com o objetivo de restringir a possibilidade, para o empregador, de efetuar despedidas coletivas, a fim de resguardar os empregos. Cabe lembrar, a propósito, o art. 25 da lei de 12 de agosto de 1977, n. 675 e o art. 2º da lei de 27 de julho de 1979, n. 301, além da Diretiva CEE de 17 de fevereiro de 1975, n. 129, que prevê a obrigação, para o empregador, de comunicar previamente à autoridade administrativa a intenção de promover despedidas coletivas, a fim de que esta tente encontrar solução para o problema. Essa diretiva define expressamente a despedida coletiva, distinguindo-a da despedida individual, em razão de dois elementos: um, qualitativo, de caráter geral, segundo o qual são coletivas as despedidas efetuadas por motivos não inerentes à pessoa do trabalhador; outro, quantitativo, concernente à proporção entre o número de trabalhadores despedidos e o número total de empregados da empresa.

Com exceção da diretiva comunitária citada, os preceitos legislativos esparsos, também lembrados acima, não se propunham disciplinar de maneira sistemática as despedidas coletivas, pois inseridos em leis que tratavam de matéria diversa. Sentia-se a necessidade de uma legislação específica, o que veio a ocorrer com a promulgação da lei de 23 de julho de 1991, n. 223 (que, na verdade, acolhe a diretiva CEE acima referida).

A Lei n. 223/1991 aplicava-se unicamente às empresas, mas o decreto legislativo de 8 de abril de 2004, n. 110, estendeu a disciplina das despedidas coletivas aos empregadores não empresários.

A regulação das despedidas coletivas aplica-se às empresas com mais de 15 empregados, que pretendam efetuar pelo menos 5 despedidas no período de 120 dias, no âmbito da mesma província, por motivo de redução, transformação ou cessação da atividade.

O empregador que pretender proceder a despedidas coletivas deve, previamente, comunicar sua intenção ao sindicato de trabalhadores e à autoridade administrativa competente em matéria de trabalho. A comunicação deve conter: a) os motivos determinantes da redução de pessoal; b) os motivos técnicos, organizativos ou produtivos pelos quais se entende serem as despedidas indispensáveis; c) o número e as funções dos trabalhadores excedentes e dos demais, que trabalham na empresa.

Dentro de sete dias contados da comunicação, os sindicatos podem postular o exame conjunto das justificativas apresentadas pela empresa e as medidas alternativas à despedida coletiva. Em caso de êxito negativo do exame conjunto, procede-se a uma segunda fase de consultas, de caráter trilateral, por iniciativa da autoridade administrativa, que examina a questão juntamente com o empregador e o sindicato de trabalhadores. Esgotada a fase de consultas, com ou sem a anuência do sindicato, o empregador pode efetuar as despedidas.

Os critérios para individualizar os trabalhadores a serem despedidos são fixados pelos contratos coletivos ou, se não existirem, pela Lei n. 223/1991, a qual estabelece o seguinte elenco: a) encargos de família; b) tempo de serviço; c) exigências técnico-produtivas ou de organização da empresa. Todavia, a lei prevê que os critérios previstos pelos contratos coletivos prevaleçam sobre os legais (art. 5º). No campo do direito do trabalho italiano, numerosos são os exemplos nos quais a lei vale, salvo acordo em sentido diverso firmado pelos interlocutores sociais.

É ineficaz a despedida operada de forma verbal, comunicado ao sindicato sem forma escrita ou a que não observa os trâmites processuais. E é anulável a despedida efetivada sem observância dos critérios de escolha dos trabalhadores.

A despedida pode ser impugnada pelo trabalhador individualmente considerado, no prazo decadencial de 60 dias, contados da data da despedida.

Se a despedida for julgada ilegítima, aplicam-se as medidas previstas pelo art. 18 do Estatuto dos Trabalhadores, cabendo a escolha ao trabalhador: reintegração no emprego e ressarcimento do dano ou pagamento de uma indenização substitutiva da reintegração.

A despedida coletiva difere da despedida individual plúrima, que alcança vários trabalhadores no âmbito da empresa. A diferença fundamental reside no fato de que a despedida individual plúrima não prevê limites e causas, mas, ao contrário, prevê a demonstração, por parte do empregador, de não mais poder manter objetivamente o emprego daqueles trabalhadores, operação que não existe na despedida coletiva.

A título de curiosidade, cabe registrar, que o direito italiano emprega o termo *mobilità* para denominar a despedida coletiva. Diz-se que a empresa, observando as regras contidas na citada lei 223/1991, pode requerer a *mobilità* por redução de pessoal, transformação de atividade ou de trabalho, além da cessação de atividade ou falência e que os empregados atingidos por uma despedida coletiva são colocados *in mobilità* (19).

---

(19) RIVA SANSEVERINO, Luisa. *Della impresa. Commentario del codice Civile a cura di Antonio Scialoja e Giuseppe Branca.* Libro quinto – del lavoro. 4. ed. Bolonha: Nicola Zanichelli, 1969. p. 445-502; PERSIANI, Mattia. *La tutela dell'interesse del lavoratore allá conservazione del posto.* In: SANSERINO, Luisa Riva; Giuliano Mazzoni. *Nuovo trattato di diritto del lavoro.* Pádua: CEDAM. 1971. v. II, p. 593-713; SANSEVERINO, Luisa Riva. Il lavoro nell'impresa. In: VASSALI, Filippo. *Trattato di diritto civile italiano.* 2. ed. Turim: UTET, 1973. t. 1, v. XI, p. 869-926; GHIDINI, Mario. *Diritto del lavoro.* 5. ed. Pádua: CEDAM, 1973. p. 356-367; MAZZIOTI, Fabio. *Diritto del lavoro* – ristampa. Nápoles: Jovene, 1977. p. 359-395; PERA, Giuseppe. *Diritto del lavoro.* Pádua: CEDAM, 1980. p. 638-676; ASSANTI, Cecilia. *Corso di diritto del lavoro.* Pádua: CEDAM, 1981. p. 267-288; TOMAJOLI, Doro Muscari. *Istituzioni di diritto del lavoro.* 4. ed. Milão: Pirola, 1985. p. 299-333; SANTORO-PASSARELLI, Francesco. *Nozioni di diritto del lavoro.* 35. ed. Nápoles: Jovene, 1987. p. 249-270; GALANTINO, Luisa. *Lezioni di diritto del lavoro.* Turim: G. Giapichelli, 1988. p. 299-401; SCOGNAMIGLIO, Renato. *Diritto del Lavoro.* Nápoles: Eugenio Jovene, 1990. p. 461-509; ASSANTI, Cecilia; PERA, Giuseppe. *Commento allo statuto dei diritti dei lavoratori.* Pádua: CEDAM, 1972. p. 191-228; MANCINI, Giuseppe F. Il nuovo regime del licenziamento. In: *AAVV. L'applicazione delle statuto dei lavoratori.* Milão: Franco Angeli, 1976. p. 190-200; NAPOLETANO, Domenico. *Lo statuto dei lavoratori.* Nápoles: Liguori, 1971. p. 165-171; MAZZIOTI, Fabio. *I licenziamenti dopo la 1. 11 maggio. 1990*, n. 108. Turim: UTET, 1991; NICOLINI, Giovanni. *Diritto del Lavoro.* Milão: Giuffrè, 1992. p. 405-486; SCOTTO, Ignazio. *Diritto del*

### *3.7. Portugal*

Em tema de cessação do contrato individual de trabalho, o direito português sofreu uma evolução digna de nota, aderente às transformações políticas que Portugal experimentou a partir de 1974, condicionada pelas exigências da economia e pelas inovações tecnológicas, assim como influenciada pelo ingresso do país na Comunidade Econômica Europeia.

O regime jurídico do contrato individual de trabalho (Decreto-lei n. 49.408, de 24.11.1969), conhecido pela sigla LCT (Lei do Contrato de Trabalho), permitia a denúncia unilateral do contrato sem prazo, mediante aviso prévio e pagamento de uma indenização tarifária (art. 107). Como diz Antônio Menezes Cordeiro, "o trabalhador encontrava-se especialmente desprotegido, numa situação para a qual a doutrina ia chamando a atenção" (20).

Após a Revolução dos Cravos, de 1974, alterou-se radicalmente a regulação do "despedimento". O Decreto-lei n. 372-A, de 16 de julho de 1975, sobre o regime jurídico da cessação do contrato de trabalho, proibiu a despedida sem justa causa: o art. 4º, n. 2, dispunha: "É proibido à entidade patronal ou gestor público promover o despedimento sem justa causa nem motivo atendível, ato que, por consequência, será nulo de pleno direito". A reparação do ato patronal que violasse essa garantia era a reintegração do trabalhador no emprego, "como se não tivesse ocorrido qualquer interrupção na relação de trabalho", com o pagamento da remuneração correspondente ao período de afastamento (arts. 12 e 16).

O Decreto-lei n. 84/76, de 28 de janeiro, introduziu a hipótese de cessação do contrato de trabalho por despedimento coletivo, ocorrente, basicamente, quando houvesse motivos estruturais, tecnológicos ou conjunturais que determinassem o encerramento da empresa, ou estabelecimento, ou redução do pessoal.

A proibição de despedida sem justa causa foi consagrada pela Constituição de 1976: o art. 52, *b*, dispunha que incumbe ao Estado garantir o direito ao trabalho, consagrando "a segurança no emprego, sendo proibidos os despedimentos sem justa causa ou por motivos políticos ou ideológicos". O dispositivo, a partir da primeira revisão (1982), passou a constituir texto autônomo, como art. 53: "É garantida aos trabalhadores a segurança no emprego, sendo proibidos os despedimentos sem justa causa ou por motivos políticos ou ideológicos".

O regime caracterizava-se, assim, por grande rigidez, logo percebida, o que ditou a necessidade da edição de nova lei: Decreto-lei n. 841-C/76, de 7 de dezem-

---

*lavoro*. 2. ed. Milão: Giuffrè, 1993. p. 255-281; AAW. *Quale futuro per il diritto del lavoro?, Atti della giornata di studio.* Milão: Giuffrè, 2002; BALLESTRERO, M. V. Gentili. *I licenziamenti.* Milão: Franco Angeli, 1975; D'ANTONA, Massimo. *La reintegrazione nel posto di lavoro.* Pádua: CEDAM, 1979.

(20) CORDEIRO, Antonio Menezes. *Manual de Direito do Trabalho.* Coimbra: Almedina, 1991. p. 787.

bro, em cuja exposição de motivos se lê: "Ditado embora pela louvável preocupação de solidificar as relações de trabalho e de combater o desemprego, o regime em vigor cedo se revelou como desestimulante da admissão de novos trabalhadores em razão da sua rigidez, nessa medida se afastando da sua razão determinante". De fato, a prática ladeava a rigidez do regime de despedida mediante maciça aplicação dos contratos a prazo. A situação foi descrita em sua real significação pela exposição de motivos do Decreto-lei n. 841: "Os trabalhadores compreendem hoje que uma maior flexibilidade na resolução dos contratos de trabalho e na averiguação das suas causas determinantes constitui, ao invés, um sólido contributo para a normalização do mercado de trabalho e para a salvaguarda do equilíbrio das despesas, facilitando as demissões de trabalhadores e até a criação de novos postos de trabalho, hoje desanimada pelo espartilho do regime em vigor".

Apesar dessas considerações doutrinárias, o Decreto-lei n. 841 apenas ampliou o número de hipóteses de justa causa e dispôs sobre o processo destinado à averiguação das causas de despedimento imediato. Nem mesmo as alterações determinadas pelo Decreto-lei n. 48/77, de 11 de julho, atenuaram a rigidez que caracterizava a legislação portuguesa em tema de cessação do contrato de trabalho.

No final da década de 80, surgiram as primeiras tentativas de reforma, que enfrentaram resistências políticas, mas afinal se tornaram vitoriosas. O ordenamento jurídico português, no que se refere à despedida, era, sem dúvida, "o mais rigoroso do mundo" [(21)] e reclamava corrigendas.

O Decreto-lei n. 64-A/89, de 27 de fevereiro, aprovou o regime jurídico da cessação do contrato individual de trabalho e da celebração e caducidade do contrato de trabalho a termo, conhecido pela sigla LCCT. O ingresso de Portugal no Mercado Comum Europeu ditou a necessidade de rever a antiga legislação, que praticamente inviabilizava a despedida por iniciativa patronal. A exposição de motivos do Decreto-lei n. 64-A salienta aspectos relevantes: "É preciso que as empresas portuguesas modernizem os seus processos produtivos, intensifiquem a inovação tecnológica e apoiem atividades de investigação, introduzam métodos de gestão modernos, invistam na formação profissional, adotem corretas estratégias de internacionalização, revelem um adequado sentido de marketing".

Para alcançar esses objetivos, a liberdade de ação das empresas portuguesas deveria contar com um espaço mais amplo no terreno da cessação do contrato de trabalho, daí as inovações introduzidas pelo Decreto-lei n. 64-A. Tais novidades, contudo, não perdem de vista o disposto no art. 53 da Constituição, que proíbe os despedimentos sem justa causa ou por motivos políticos ou ideológicos.

---

(21) CARVALHO, Messias de; ALMEIDA, Vitor Nunes de. *Direito do Trabalho e nulidade do despedimento.* Coimbra: Almedina, 1984. p. 201.

A exposição de motivos do Decreto-lei n. 64-A assinala: "Assim, na revisão do regime da cessação do contrato de trabalho houve a preocupação de não fomentar o desenvolvimento de estruturas rigidificantes, que, na prática, acabam por impossibilitar as empresas de se adaptarem às exigências externas ou, em alternativa, acabam por lhes impor obrigações que, frequentes vezes, podem pôr em causa a própria subsistência. E mostra a experiência que, numa perspectiva de aumento do volume de emprego, um protecionismo dessa natureza acaba por ter repercussões negativas no acesso ao emprego de outros trabalhadores, afetando o próprio emprego global".

De olhos postos na garantia constitucional, a exposição de motivos do Decreto-lei n. 64-A aduz: "A proibição dos despedimentos arbitrários é consagrada, de acordo com os princípios constitucionais, em consonância com os quais continua a manter-se a reintegração do trabalhador despedida como consequência normal da declaração judicial da ilicitude de um despedimento. Relativamente às consequências do despedimento ilícito, mantém-se a prática de impor à entidade empregadora o pagamento das retribuições vencidas até a data da sentença judicial que o declare improcedente".

Os exageros protecionistas da legislação revogada reclamavam correções, por isso a exposição de motivos do Decreto-lei n. 64-A prossegue: "No entanto, estabelecem-se restrições em função da inércia do trabalhador e de eventuais remunerações que tenha auferido pelo exercício de atividade profissional posterior ao despedimento. Tenta-se, por isso, neste ponto, aproximar tanto quanto possível aquele montante ao prejuízo efetivamente sofrido pelo trabalhador e evitar situações de dupla fonte de rendimentos, socialmente injustificadas".

O art. 3º, 1, do Decreto-lei n. 64-A dispõe: "São proibidos os despedimentos sem justa causa". O art. 9º regula a justa causa de despedimento e o art. 12 declara ilícito o despedimento: a) se não tiver sido precedido do processo respectivo ou este for nulo; b) se se fundar em motivos políticos, ideológicos ou religiosos, ainda que com invocação de motivo diverso; c) se for declarada improcedente a justa causa invocada.

Regulando os efeitos da ilicitude, o art. 13.1 dispõe que, sendo o despedimento declarado ilícito, a entidade empregadora será condenada: a) no pagamento da importância correspondente ao valor das retribuições que o trabalhador deixou de auferir desde a data do despedimento até a data da sentença; b) na reintegração do trabalhador, sem prejuízo de sua categoria e antiguidade, salvo se até a sentença este tiver exercido o direito de opção, por sua iniciativa ou a pedido do empregador.

Da importância devida a título de salários do período de afastamento são deduzidos os seguintes valores: a) montante das retribuições respeitantes ao período decorrido desde a data do despedimento até 30 dias antes da data de propositura da ação, se esta não for proposta nos 30 dias subsequentes ao despedimento; b) montante das importâncias relativas a rendimentos de trabalho auferidos pelo trabalhador em atividades iniciadas posteriormente ao despedimento (art. 13,2).

Em substituição da reintegração, pode o trabalhador optar por uma indenização correspondente a um mês de remuneração de base por cada ano de antiguidade ou fração, não podendo ser inferior a 3 meses, contando-se para o efeito todo o tempo decorrido até a data da sentença (art. 13.3).

O art. 14 prevê a providência cautelar da suspensão do despedimento: o trabalhador pode requerer a suspensão judicial do desdespedimento no prazo de 5 dias úteis, contados do recebimento da comunicação da despedida.

O Decreto-lei n. 64-A regula o despedimento coletivo (arts. 16 a 25), o qual determina a cessação de contratos de trabalho fundada em extinção de postos de trabalho por causas objetivas de ordem estrutural, tecnológica ou conjuntural relativas à empresa.

É também prevista a cessação do contrato de trabalho por extinção de postos de trabalho, não abrangida por despedimento coletivo, quando essa extinção for justificada por motivos econômicos ou de mercado, tecnológicos ou estruturais, relativos à empresa (arts. 26 a 33).

Os despedimentos coletivos e os tecnológicos (objetivos) não contrariam o disposto no art. 53 da Constituição, pois se entende que a "justa causa" não é apenas a infração disciplinar grave. Como diz Antônio Menezes Cordeiro, a Constituição pretendeu "abolir os despedimentos *ad nutum*, isto é, sem motivos controláveis, admitindo-os, apenas, em situações sérias, nas quais o valor da segurança do emprego tenha de ceder perante outros valores concretamente mais poderosos". Esta interpretação se justifica: "A manutenção antieconômica de certos contratos de trabalho poderia inviabilizar a empresa com prejuízo para todos os postos de trabalho: ora, não é esse o objetivo constitucional" – grifo do original(22).

A ação de impugnação há de ser proposta pelo trabalhador despedido no prazo de 90 dias, contados da cessação do contrato (Decreto-lei n. 64-A, art. 25,2).

O regime jurídico dos despedimentos veio a ser complementado pela edição do Decreto-lei n. 400/1991, de 16 de outubro, que regula a cessação do contrato de trabalho por inadaptação do trabalhador. Nova forma de cessação do contrato de trabalho deriva da extinção do posto de trabalho por causas objetivas de ordem estrutural, tecnológica ou conjuntural relativas à empresa.

Na exposição de motivos do Decreto-lei n. 400, lê-se: "A extinção de postos de trabalho, assim prefigurada, visa prevenir que, em consequência de mudanças estruturais, tecnológicas ou de mercado, se mantenham postos de trabalho sem tarefas que ocupem o seu titular, concorrendo, desse modo, para o desequilíbrio econômico e financeiro das empresas e, consequentemente, pondo em risco os restantes postos de trabalho e a necessária eficácia das reestruturações empreen-

(22) CORDEIRO, Antonio Menezes. *Op. cit.*, p. 816 e 817, respectivamente.

didas". Admite-se, portanto, a licitude da cessação do contrato de trabalho por inadaptação do trabalhador quando, pelo modo de exercício de funções, tome-se praticamente impossível a subsistência da relação de trabalho.

A entidade empregadora que fez cessar contrato de trabalho com fundamento em inadaptação não pode diminuir o volume do seu emprego, dispondo para o efeito do prazo de 90 dias para o reconstituir.

O Decreto-lei n. 400 resulta de compromissos assumidos no acordo econômico e social celebrado em 19 de outubro de 1990, em sede do Conselho Permanente de Concertação Social. Na sua origem está, portanto, a participação dos parceiros sociais(23).

O regime jurídico da cessação do contrato de trabalho já não reveste mais a rigidez que o caracterizou no passado, mas se mantém fiel à proteção do trabalhador. A lei portuguesa admite a reintegração em todos os casos de ilicitude do despedimento. É certo que existe a alternativa: restauração do contrato ou desfazimento do vínculo mediante indenização, mas a opção entre as duas possíveis soluções continua a ser oferecida, com exclùsividade, ao trabalhador.

A regulação da cessação do contrato de trabalho por iniciativa do empregador (despedimento) foi mantida, em quase todos os seus termos, pelo Código do Trabalho, de 2003 (arts. 396 e segs.) e bem assim pelo vigente Código do Trabalho (Lei n. 7/2009, de 12 de fevereiro, arts. 351 e segs.).

Cabe observar que o prazo para o ajuizamento da ação de impugnação do despedimento foi ampliado para 1 ano contado da data do despedimento pelo Código de 2003 (art. 435, § 2º), e encurtado para 60 dias, contados a partir da data da recepção da comunicação do despedimento, ou da data da cessação do contrato, se posterior, pelo Código de 2009 (art. 387, § 2º).

A vigente disciplina da cessação do contrato de trabalho por iniciativa do empregador é, basicamente, a mesma tradicionalmente observada pelo legislador português. Assim é que de acordo com o art. 389 do Código do Trabalho de 2009, sendo o despedimento declarado ilícito, o empregador é condenado: a) a indenizar o trabalhador por todos os danos causados, patrimoniais e não patrimoniais; b) na reintegração no mesmo estabelecimento da empresa, sem prejuízo da sua categoria e antiguidade. Além da indenização mencionada, o trabalhador tem direito a receber a remuneração que deixar de auferir desde o despedimento até ao trânsito em julgado da decisão do tribunal que declara a ilicitude do despedimento (os chamados salários de tramitação). Desse montante, porém, são deduzidas as importâncias que o trabalhador auferir com a cessação do contrato e que não receberia se não fosse o despedimento (*aliunde receptum*), além do subsídio de desemprego atribuído ao empregado naquele período, devendo o empregador entregar essa quantia à segurança social (art. 390).

---

(23) Conselho Permanente de Concertação Social. Acordo econômico e social. Lisboa, 1991. p. 95-7.

Em substituição da reintegração, o trabalhador pode optar por uma indenização, cabendo ao tribunal determinar o seu montante, entre 15 e 45 dias de retribuição base por ano ou fração de antiguidade, não podendo ser inferior a três meses de retribuição base e diuturnidades (art. 391).

À regra de reintegração forçada abre o Código de 2009 duas exceções importantes: 1ª – em caso de microempresa; 2ª – trabalhador que ocupe cargo de administração ou de direção. Nestes casos, o empregador pode requerer ao tribunal que exclua a reintegração, com fundamento em fatos e circunstâncias que tornem o regresso do trabalhador gravemente prejudicial e perturbador do funcionamento da empresa. Esta regra é, contudo, inaplicável quando a ilicitude do despedimento se fundar em motivo político, ideológico, étnico ou religioso ou quando o fundamento da oposição à reintegração for culposamente criado pelo empregador (art. 392).

Vê-se, assim, que em Portugal, assim como na Itália, a lei institui um sistema de estabilidade absoluta: nestes dois países, a invalidação da despedida ilícita dá lugar à reintegração, de modo que ela dependa exclusivamente da vontade do empregado(24).

O direito português também regula o despedimento coletivo. Por força do Decreto-lei 84/76, a matéria foi integrada na chamada lei dos despedimentos, ou seja, o regime jurídico da cessação do contrato de trabalho (Decreto-lei n. 372-A/75, de 16 de julho), já revogado. Antes desse diploma, o despedimento coletivo era regulado pelo DL 783/74, de 31 de dezembro, cujo conteúdo foi transposto para o regime de 1975/1976 (25).

O vigente Código do Trabalho (2009) define despedimento coletivo: "a cessação de contratos de trabalho promovida pelo empregador e operada simultânea ou sucessivamente no período de três meses, abrangendo, pelo menos, dois

---

(24) ***Legislação***: FERNANDES, A. Monteiro; LOURENÇO, J. A. Alves (comp.). *Leis do Trabalho*. Coimbra: Almedina, 1979; PORTUGAL. *Lei Geral do Trabalho.* 12. ed. Lisboa: Rei dos Livros, 1992. Comentários e anotações da lei; AZEVEDO, Rui Moura. *Cessação do contrato de trabalho* – regime jurídico anotado e comentado. Coimbra: Coimbra Editora, 1976; OLIVEIRA, Ernesto de. *Despedimentos e outros casos de cessação do contrato de trabalho.* 2. ed. Lisboa, 1977; SANTOS, Rui Crisóstomo *et al. Lei dos despedimentos* (anotada e atualizada). Coimbra: Parâmetro, 1978; MATIAS, Monteiro; NUNES, Saul. *Lei dos despedimentos e dos contratos a termo anotada.* Heptágono, 1990. ***Doutrina***: TAVARES, Rui M. A cessação do contrato de trabalho. *Revista Portugal Judiciário* (separata). III. n. 31, Porto, 1979; MORAIS, Antunes Carlos Alberto Lourenço; GUERRA, Amadeu Francisco Ribeiro. *Despedimentos e outras formas de cessação do contrato de trabalho.* Coimbra: Almedina, 1984; CARVALHO, Messias de; ALMEIDA, Vitor Nunes de. *Direito do Trabalho e nulidade do despedimento.* Coimbra: Almedina, 1984; FERNANDES, Antônio Monteiro. *Temas laborais.* Coimbra: Almedina, 1984. p. 85 e segs.; FERNANDES, Antonio Monteiro. *Noções fundamentais de Direito do Trabalho.* 5. ed. Coimbra: Almedina, 1986. 1. v., p. 347 e segs.; CORDEIRO, Antonio Menezes. *Op. cit.*

(25) FERNANDES, Antonio Monteiro. *Direito do Trabalho.* 10. ed. Coimbra: Almedina, 1998. p. 532-537; XAVIER, Bernardo da Gama Lobo. *Curso de Direito do Trabalho.* 2. ed. Lisboa: Verbo, 2003. p. 526-532.

ou cinco trabalhadores, conforme se trate, respectivamente, de microempresa ou de pequena empresa, por um lado, ou de média ou grande empresa, por outro, sempre que aquela ocorrência se fundamente em encerramento de uma ou várias sanções ou estrutura equivalente ou redução do número de trabalhadores determinada por motivos de mercado, estruturais ou tecnológicos" (art. 359). O mesmo dispositivo define "motivos de mercado", "motivos estruturais" e "motivos tecnológicos".

Em caso de despedimento coletivo, a lei prevê a ocorrência de comunicações: o empregador que pretenda proceder a um despedimento coletivo comunica essa intenção, por escrito, à comissão de trabalhadores ou, na sua falta, à comissão intersindical ou às comissões sindicais da empresa representativas dos trabalhadores a abranger (art. 360).

Nos cinco dias posteriores à data da comunicação acima referida, o empregador promove uma fase de informações e negociações com a estrutura representativa dos trabalhadores, com vista a um acordo sobre a dimensão e efeitos das medidas a aplicar e, bem assim, de outras medidas que reduzam o número de trabalhadores a despedir (art. 361).

O serviço competente do ministério responsável pela área laboral participa na negociação, com vista a promover a regularidade da sua instrução substantiva e procedimental e a conciliação dos interesses das partes (art. 362).

O art. 363 regula os efeitos da decisão de despedimento coletivo: celebrado o acordo ou na falta deste, o empregador comunica a cada trabalhador abrangido a decisão do despedimento, com menção expressa do motivo e da data da cessação do contrato (além de outras providências, inclusive aviso prévio).

Em caso de despedimento coletivo, o trabalhador tem direito à compensação correspondente a um mês de retribuição base e diuturnidades por ano completo de antiguidade, não podendo ser inferior a três meses de retribuição (art. 366).

# 4

# Direito Brasileiro

## 4.1. Prolegômenos

A explanação do tema – proteção contra a despedida – pode ser dividida, quanto ao direito brasileiro, em cinco fases, sucessivamente iniciadas em 1923, 1935, 1943, 1967 e 1988.

A primeira fase corresponde à promulgação da Lei Elói Chaves, em 1923. O Decreto n. 4.682, de 24 de janeiro de 1923, dispunha, no art. 42: "Depois de dez anos de serviços efetivos, o empregado das empresas a que se refere a presente lei só poderá ser demitido no caso de falta constatada em inquérito administrativo, presidido por um engenheiro da Inspetoria e Fiscalização das Estradas de Ferro".

A Lei Elói Chaves, cujo nome deriva do parlamentar que foi autor do projeto de lei apresentado à Câmara dos Deputados, do qual resultou o referido decreto legislativo, criou, em cada uma das empresas das estradas de ferro existentes no País, uma caixa de aposentadoria e pensões para os respectivos empregados(1). Era uma lei previdenciária, não uma lei de contrato de trabalho, que, aliás, nunca existira no Brasil, até que a CLT, em 1943, viesse a regular o instituto. Por via oblíqua, a Lei Elói Chaves assegurou estabilidade no emprego aos ferroviários, não em benefício desses trabalhadores, mas como "uma necessidade técnico-atuarial", já que o legislador pretendia "proteger não diretamente o empregado, mas as instituições de seguro social recém-criadas"(2), garantindo a continuidade das contribuições de-

(1) VIEIRA, Hermes Pio. *Eloy Chaves precursor da previdência social no Brasil.* Rio de Janeiro: Civilização Brasileira, 1978. p. 232-72.

(2) GOMES, Orlando; GOTTSCHALK, Elson. *Curso de Direito do Trabalho.* 12. ed. Rio de Janeiro: Forense, 1991. p. 438.

vidas à caixa. Por tal motivo, a estabilidade no emprego surgiu no direito brasileiro "como uma providência em favor da previdência", como quer Catharino [(3)].

Aos poucos, a estabilidade foi sendo estendida a outras categorias profissionais, até que a Lei n. 62, de 5 de junho de 1935, a concedeu todos os empregados, nas mesmas condições previstas pela lei de 1923. A Lei n. 62 também não era uma lei de contrato de trabalho, pois regulava apenas a cessação do contrato. Esta lei, cuja promulgação inaugura a segunda fase, dispunha, no art. 10: "Os empregados que ainda não gozarem de estabilidade, que as leis sobre institutos de aposentadoria e pensões têm criado, desde que contem dez anos de serviço efetivo, no mesmo estabelecimento, nos termos desta lei, só poderão ser demitidos por motivos devidamente comprovados de falta grave, desobediência, indisciplina ou causa de força maior nos termos do art. 5º".

A estabilidade não era prevista pela Constituição de 1934, sob cuja vigência foi promulgada a Lei n. 62. Também não foi expressamente consagrada pela Carta de 10 de novembro de 1937, do Estado Novo, cujo art. 137, *f*, apenas garantiu ao trabalhador o direito a uma "indenização proporcional aos anos de serviço", quando a lei não lhe garanta a estabilidade, mas sua constitucionalidade jamais foi questionada, pois a enumeração do preceito constitucional era apenas exemplificativa ("... além de outros...").

A promulgação da CLT, em 1º de maio de 1943, abre a terceira fase. Seu art. 492 dispunha: "O empregado que contar mais de dez anos de serviço na mesma empresa não poderá ser despedido senão por motivo de falta grave ou circunstância de força maior, devidamente comprovada". Antes de completar o decênio estabilizador, o empregado despedido tinha direito a uma indenização proporcional ao tempo de serviço sempre que não tivesse dado motivo para a cessação do contrato de trabalho (arts. 477 e 478). Reconhecida a inexistência de falta grave, o empregado estável tinha o direito de ser readmitido no emprego, devendo o empregador pagar-lhe os salários a que teria direito no período da suspensão (art. 495). A apuração da falta grave era feita em inquérito requerido pelo empregador perante a Justiça do Trabalho, no prazo decadencial de 30 dias, contados da data da suspensão do empregado (art. 853).

A estabilidade e a indenização foram expressamente incluídas pela Constituição de 1946 (18 de setembro), no art. 157, XII, entre os direitos assegurados aos trabalhadores.

Ainda na vigência da Constituição de 1946, foi promulgada a Lei n. 5.107, de 13 de setembro de 1966, em vigor a partir de 1º de janeiro de 1967, inaugurando-se a quarta fase. Esta lei instituiu o Fundo da Garantia do Tempo de Serviço e criou a opção: o empregado que optasse pelo novo regime não adquiriria estabilidade nem receberia indenização em caso de despedida sem justa causa; tinha direito a

(3) CATHARINO, José Martins. *A despedida e suas limitações.* Bahia. 1958. p. 150. *mimeo.*

levantar o depósito bancário existente em sua conta vinculada. Na vigência desta lei, havia, portanto, duas classes de empregados: a dos não optantes, cujo contrato de trabalho era regido pela CLT, com direito a indenização e estabilidade, e a dos optantes, que podiam levantar o fundo de garantia, mas não adquiriam estabilidade nem recebiam indenização, se despedidos sem justa causa. A promulgação da Lei n. 5.107 levantou dúvidas de inconstitucionalidade, logo dissipadas porque a Constituição de 24 de janeiro de 1967, no art. 158, XIII, assegurou aos trabalhadores "estabilidade, com indenização ao trabalhador despedido, ou fundo de garantia equivalente". Este preceito foi reproduzido *ipsis verbis* pelo art. 165, XIII, da Emenda n. 1, de 17 de outubro de 1969.

A quinta fase inicia-se com a promulgação da Constituição de 5 de outubro de 1988, que, no art. 7º, III, consagra apenas o Fundo de Garantia do Tempo de Serviço. A Constituição não se refere mais à estabilidade nem à indenização por dispensa sem justa causa; assim, desaparece a distinção entre empregados optantes e não optantes, No art. 7º, I, a Constituição declara que são direitos dos trabalhadores urbanos e rurais, além de outros que visem à melhoria de sua condição social: "relação de emprego protegida contra despedida arbitrária ou sem justa causa, nos termos da lei complementar, que preverá indenização compensatória, dentre outros direitos".

### 4.2. Despedida arbitrária ou sem justa causa

A lei complementar que vier a regular o preceito constitucional sancionará a despedida arbitrária ou sem justa causa com indenização compensatória, além de outros direitos. Entre esses "outros direitos", não poderá ser contemplada a reintegração, medida que exclui o pagamento de indenização.

Como afirma Arnaldo Süssekind, "a indenização em caso de despedida arbitrária, adotada como regra, exclui a reintegração, que seria o corolário jurídico da despedida sem justa causa do empregado com direito à estabilidade" (4).

Quando a Constituição quis vedar a dispensa (ou seja, consagrar a estabilidade), fê-lo expressamente: no art. 8º, VIII, veda a dispensa do ocupante de cargo de direção ou representação sindical; no art. 10, II, das Disposições Transitórias, proíbe a despedida do empregado eleito para cargo de direção da CIPA (alínea *a*) e da empregada gestante (alínea *b*). Não cabe, em consequência, atribuir à Constituição o propósito de consagrar estabilidade em favor de qualquer outro tipo de trabalhador. Assim, o empregado que, antes de 5 de outubro de 1988, não era optante pelo regime do FGTS, jamais adquirirá a estabilidade decenal prevista pela CLT e, se despedido após a data da promulgação da Constituição, terá direito à

(4) SÜSSEKIND, Arnaldo; MARANHÃO, Délio; VIANNA, Segadas. *Instituições de Direito do Trabalho*. 14. ed. São Paulo: LTr, 1993. v. 1, p. 625.

indenização calculada na forma por esta preconizada, e não de acordo com as regras fixadas pela Consolidação. Ressalva-se a indenização correspondente ao tempo de serviço que precede a opção, a ser fixada de acordo com as normas consolidadas, por se tratar de situação jurídica definitivamente constituída em data anterior à vigência da nova Constituição.

A orientação doutrinária acima exposta encontrou consagração legislativa na Lei n. 7.839, de 12 de outubro de 1989, que revogou a lei do FGTS e que, por seu turno, veio a ser revogada pela Lei n. 8.036, de 11 de maio de 1990. Esta lei dispõe sobre o mesmo instituto (FGTS).

A desejável reintegração só seria viável se, mediante revisão do texto constitucional, fosse consagrado o princípio da despedida sob controle, em qualquer de suas formas: por causa justificada, por motivo socialmente justificado, etc. (5).

Esta posição doutrinária não é pacífica.

A doutrina majoritária, contudo, sustenta que, se a Constituição manda a lei complementar prever indenização compensatória, implicitamente exclui a estabilidade como regra geral (só a admite nas hipóteses taxativamente enumeradas) e, era consequência, a referida lei complementar não poderá prever a reintegração entre os "outros direitos" a que alude o art. 7º (6).

### *4.3. Despedida abusiva ou discriminatória*

A Constituição inclui entre os direitos dos trabalhadores urbanos e rurais, além de outros que visem à melhoria de sua condição social, relação de emprego protegida contra despedida arbitrária ou sem justa causa, nos termos de lei complementar, que preverá indenização compensatória, entre outros direitos (art. 7º, I).

Deixando de lado a impropriedade técnica de considerar a relação de emprego "direito" do trabalhador (trata-se de relação jurídica gerada pela prestação de trabalho subordinado), importa salientar que a Constituição decidiu proteger essa relação contra a "despedida arbitrária ou sem justa causa".

A expressão – despedida arbitrária ou sem justa causa – suscita entendimentos conflitantes. Só não é arbitrária a despedida que se der por justa causa, entendendo-se a última expressão em sentido amplo, aplicável à falta disciplinar

(5) ROMITA, Arion Sayão. A revisão constitucional e os direitos sociais. In: *Suplemento LTr*, 57-07/787, jul. 1993.

(6) SÜSSEKIND, Arnaldo. *Comentários à Constituição*. Rio de Janeiro: Freitas Bastos, 1990. v. 1, p. 359; BASTOS, Celso Ribeiro; MARTINS, Ives Gandra. *Comentários à Constituição do Brasil*. São Paulo: Saraiva, 1989. 2. v., p. 414; NASCIMENTO, Amauri Mascaro. *Direito do Trabalho na Constituição de 1988*. São Paulo: Saraiva, 1989. p. 52; SAAD, Eduardo Gabriel. *Constituição e Direito do Trabalho*. São Paulo: LTr, 1989. p. 88; BERNARDES, Hugo Gueiros. *Direito do Trabalho*. São Paulo: LTr, 1999. v. 1, p. 436; MAGANO, Octavio Bueno. *Política do Trabalho*. São Paulo: LTr, 1992. p. 29; ROMITA, Arion Sayão. *Os direitos sociais na Constituição e outros estudos*. São Paulo: LTr, 1991. p. 129.

cometida pelo empregado e bem assim aos casos em que o empregador é levado, ainda que muitas vezes a contragosto, a despedir o empregado por exigências tecnológicas, econômicas ou financeiras.

Como interpretar a expressão constitucional "despedida arbitrária ou sem justa causa"? Pode-se entender que a Constituição distingue duas figuras: 1º – despedida arbitrária; 2º – despedida sem justa causa. Nesta hipótese, a lei complementar deverá dispensar a cada uma das figuras tratamento específico e diferenciado. Poderia também afirmar-se que a expressão é pleonástica, pois a despedida sem justa causa constitui modalidade de despedida arbitrária. Contra essa interpretação, porém, argumenta-se que a Constituição não contém palavras inúteis: se ela contempla, ao lado da "despedida arbitrária", a "despedida sem justa causa", a lei infraconstitucional não pode ignorar a distinção imposta pela Lei Maior, vale dizer, só lhe cabe desenvolver a lição da fonte hierárquica superior. Por tais motivos, a futura lei complementar, em boa técnica legislativa, deverá regular de maneira diferente a proteção contra a despedida arbitrária e contra a despedida sem justa causa, prevendo montantes variados para indenização compensatória devida em cada hipótese concreta de despedida.

Cabe observar que a Constituição não adota o sistema de enumeração taxativa ou exaustiva (*numerus clausus*) para enunciar os direitos dos trabalhadores: o método é o exemplificativo ("... além de outros" – art. 7º). Os direitos relacionados no art. 7º não esgotam o elenco; este pode ser acrescido de outros direitos, pois os explicitados contêm o mínimo de garantias que a legislação infraconstitucional pode ampliar, sem risco de inconstitucionalidade.

A Constituição não se refere à despedida abusiva! Nem se cogitou, durante os trabalhos da Assembleia Nacional Constituinte, da inclusão dessa figura no texto da Lei Maior. Certamente contribuiu para esta omissão o desconhecimento do instituto, à época, por parte do Direito do Trabalho brasileiro.

Os debates em tema de despedida, no Brasil, limitavam-se às hipóteses de despedida arbitrária, por justa causa ou sem ela, obstativa (da estabilidade) ou por motivo de força maior. Nunca se trouxe à colação a modalidade de despedida abusiva. E a indenização por tempo de serviço (CLT, arts. 477 e 478), devida por despedida sem justa causa, teve sempre caráter tarifário. O mesmo se diga quanto ao pagamento de 10% dos depósitos do FGTS (Lei n. 5.107) ou de 40% (Constituição, art. 10, I, das Disposições Transitórias; Lei n. 7.839; Lei n. 8.036).

À luz dessas observações, não será despropositado considerar a possibilidade de incluir na lei complementar (Constituição, art. 7º, I) a noção de despedida abusiva. O sistema de proteção da relação de emprego contra a despedida se completará com a previsão da nova modalidade, que de modo algum poderá contrariar o espírito da Lei Maior, pois – como se disse – a Constituição admite a ampliação dos benefícios que assegura aos trabalhadores. Na verdade, ela não preconiza a proteção da relação de emprego contra a despedida abusiva, mas não proíbe a legislação infraconstitucional de prover neste sentido.

Ao despedir arbitrariamente, o empregador produz um dano lícito, que gera para o empregado o direito a uma indenização semelhante àquela devida por força de desapropriação. Não se trata de reparação (dano despido de caráter patrimonial) nem de ressarcimento (recomposição de dano patrimonial, isto é, prejuízo emergente e lucro cessante). Trata-se de verdadeira indenização, que compensa o dano decorrente da perda do emprego, a exemplo do que sucede quando o Estado restaura o patrimônio do particular desfalcado pelo ato lícito da desapropriação.

A resilição do contrato de trabalho pelo empregador, sem justa causa, dá ao empregado o direito a uma indenização compensatória da perda do emprego. Neste caso, estamos diante de uma despedida arbitrária comum. Em certos casos, porém, o ato de despedir é especialmente qualificado. O dano produzido pelo exercício abusivo do direito deve ser indenizado. Nestas hipóteses, surge para o empregado o direito a outra indenização, que não se confunde com a indenização compensatória da simples perda do emprego e que com ela se acumula.

Se a dispensa se dá por justa causa, o empregado não pode pretender indenização alguma. Se a despedida é arbitrária ou sem justa causa, ele tem direito à indenização compensatória. Se a despedida é abusiva, o empregado deve receber nova indenização, pois, neste caso, além de sofrer a perda do emprego (indenização compensatória), sofre dano adicional, que reclama reparação autônoma.

A despedida abusiva é ato antifuncional, socialmente injustificado, contrário à função social da boa administração da empresa. Ao praticá-la, o empregador não inflige ao empregado apenas um dano lícito (privá-lo do emprego), porém lhe causa novo dano, este ilícito e que se soma ao primeiro. Não há sucessão no tempo. O ato é único, mas atinge dois interesses distintos do empregado, ambos juridicamente protegidos: um produz o direito à indenização compensatória pelo dano lícito emergente da privação do emprego; o outro gera o direito à indenização de direito comum, ante o dano ilícito que afeta a personalidade do empregado.

A despedida abusiva constitui figura complementar da despedida comum. Quando o empregador, além de terminar a relação contratual mediante declaração de vontade que justifica a indenização tarifária, causa ao empregado outros danos que agravam sua responsabilidade, deve pagar uma indenização pelo dano correspondente ao abuso complementar. Se o ato de despedir (despedida arbitrária ou sem justa causa) operar sem o acréscimo do comportamento ilícito complementar, caberá apenas a indenização tarifária. Configura-se a despedida abusiva apenas quando a resilição contratual de iniciativa do empregador não se limita ao término do contrato, mas produz um dano ilícito adicional derivado não do ato resilitório em si, porém da carga de antijuridicidade complementar que o envolve. Por tal motivo, a indenização por despedida abusiva não lança âncora na teoria do abuso de direito nem na culpa aquiliana: encontra fundamento na responsabilidade contratual do empregador.

Quando o empregador não age no exercício de um interesse legítimo, justo, normal, e pratica ato que excede os limites do instituto, que repugna ao sentimento da justiça e da moral, com evidente desvio dos fins a que se dirige o poder de direção e organização, surge o direito à indenização por despedida abusiva, sem prejuízo da declaração de nulidade do ato patronal, o que conduz ao direito de reintegração, como prevê o anteprojeto de lei complementar elaborado pelo Instituto dos Advogados Brasileiros [(7)].

Recomendável se torna a regulação explícita do instituto, por evidentes razões de ordem prática. A *sedes materiae* é, indiscutivelmente, a lei complementar a que se refere o inciso I do art. 7º da Constituição Federal. Só com a previsão expressa dessa indenização, ficará completo o sistema de proteção da relação de emprego contra a despedida arbitrária ou sem justa causa, já que a indenização compensatória a ser fixada pela mencionada lei complementar deixa a descoberto outros danos causados ao empregado atingido pela resilição do contrato de outro trabalho.

A lei definiria, além da despedida arbitrária, a despedida abusiva. Fixaria o montante da indenização respectiva, devida sem prejuízo de levantamento do depósito do FGTS e da indenização compensatória da perda do emprego. Declararia, para evitar dúvidas futuras, que incumbe ao empregado o ônus de provar as alegações formuladas a título de abuso no ato resilitório. E regularia a reintegração.

Antecipando-se a essas providências, o legislador brasileiro, embora sem fulminar de nulidade o ato patronal, proíbe a adoção de qualquer prática discriminatória e limitativa para efeito não só de acesso à relação de emprego, mas também de sua manutenção (o que significa: proibição de despedir) por motivo de sexo, origem, raça, cor, estado civil, situação familiar ou idade (Lei n. 9.029, de 13 de abril de 1995, art. 1º), A lei ordinária completa, via de consequência, o rol de vedações contido no art. 7º, inciso XXX, da Constituição, que limita a diferença de salários, exercício de funções e critério de admissão a proibição da prática de discriminação. Agora, a proibição é estendida à despedida. A prática de atos discriminatórios, na Constituição, alude apenas a sexo, idade, cor e estado civil. A Lei n. 9.029 ampliou o elenco dos motivos de discriminação abrangendo agora, também, a origem, a raça e a situação familiar.

A referida Lei n. 9.029 dispõe, no art. 4º, que o rompimento da relação de trabalho por ato discriminatório nos moldes por ele previstos, faculta ao empregado optar entre: I – a readmissão com ressarcimento integral de todo o período de afastamento, mediante pagamento das remunerações devidas; II – a percepção, em dobro, da remuneração do período de afastamento. Em ambos os casos, é óbvio que as importâncias serão corrigidas monetariamente e acrescidas dos juros legais.

---

(7) ROMITA, Arion Sayão. *Despedida arbitrária e discriminatória.* Rio de Janeiro: Forense, 2008. p. 145-154.

Nenhum regime de proteção contra a despedida arbitrária será completo se omitir a proteção contra a despedida discriminatória. São noções distintas: despedida arbitrária, despedida abusiva e despedida discriminatória.

Cada uma delas exige atenção específica, porque distintos devem ser os regimes jurídicos e diferentes as medidas legislativas destinadas a proteger a relação de emprego contra a iniciativa do empregador de pôr fim à relação de emprego. Tudo dependerá da motivação.

Se a despedida for arbitrária, vale dizer, inspirada por motivo injustificado, a reparação há de ser a indenização compensatória.

Se ela for abusiva, ou seja, qualificada por um motivo antissocial, a reparação não pode ser a mesma, não pode limitar-se a mera indenização compensatória: deve ser acrescida de um montante capaz de reparar o dano moral sofrido pelo empregado.

Se a despedida for discriminatória, a reparação não pode restringir-se ao pagamento de uma indenização, mas deve ser sancionada com a reintegração. Não se trata de proclamar um inexistente direito de estabilidade. Não há mais estabilidade no direito do trabalho brasileiro. Trata-se, isto sim, de anular o ato do empregador, o que acarreta o retorno ao *status quo ante*. Anulada a despedida, restaura-se o emprego. E por que será anulada a despedida, nos casos em que o motivo assenta sobre tratamento discriminatório? Porque, neste caso, vem a ser violado algum direito fundamental do trabalhador.

Se a despedida for apenas arbitrária (e mesmo quando for abusiva), estão em jogo interesses patrimoniais do empregado. Sim, decerto ele perdeu o emprego, mas por isso ele só tem direito a uma indenização. Todavia, se a despedida for discriminatória, entra em cena outra noção, digna de proteção mais intensa do que a mera recomposição patrimonial. Agora, trata-se de eliminar do mundo jurídico um ato que viola direito fundamental do trabalhador. A única reparação admissível é a reintegração, sem prejuízo da opção, assegurada ao trabalhador, entre a reintegração e a indenização, nos moldes dos direitos italiano e português.

Neste sentido, concluiu a Primeira Jornada de Direito Material e Processual da Justiça do Trabalho, realizada pelo Tribunal Superior do Trabalho com o apoio da Amatra, em 23 de novembro de 2007 (Enunciado n. 2), *verbis*: "... II – DISPENSA ABUSIVA DO EMPREGADO. VEDAÇÃO CONSTITUCIONAL. NULIDADE. Ainda que o empregado não seja estável, deve ser declarada abusiva e, portanto, nula a sua dispensa quando implique a violação de algum direito fundamental, devendo ser assegurada prioritariamente a reintegração do trabalhador".

### *4.4. Despedida coletiva*

Observa-se no ordenamento jurídico brasileiro notável lacuna quanto à regulação da despedida coletiva. A proteção contra a despedida arbitrária ou sem justa causa, preconizada pelo art. 7º, inciso I, da Constituição (sob reserva de lei complementar que a disciplina), aplica-se apenas à despedida individual.

A matéria só é tratada na doutrina[(8)] e na jurisprudência[(9)].

Organizar o mercado de trabalho não é tarefa das mais fáceis, ante o manifesto antagonismo entre o interesse do trabalhador, que é o de conservar o emprego, e o do empresário, que pretende ajustar o efetivo do pessoal a seu serviço às exigências da conjuntura econômica.

A busca do ponto ideal de equilíbrio entre esses interesses conflitantes por parte do Estado intervencionista encontra obstáculos quase intransponíveis nas dificuldades de ordem econômica, que não podem, contudo, ocultar a noção básica, fundamental no desenvolvimento histórico do Direito do Trabalho: a prestação de serviços pelo empregado tem caráter pessoal e suscita uma avaliação nitidamente humana. Está envolvida no conflito industrial a ideia de dignidade humana. Por outro lado, a empresa é a fonte dos empregos: sem ela, perdem os trabalhadores a própria subsistência.

Na regulamentação do poder patronal de despedir, instala-se o conflito de lógicas, que oscilam entre o direito ao emprego e a salvaguarda do exercício pelo empregador dos poderes na gestão da empresa. O conflito de lógicas é filho da dialética, e – como se sabe – em sua visão ontológica, a dialética explica as contradições do pensamento e as crises da vida socioeconômica em torno das relações interindividuais que as geram.

A normalização do direito de despedir revela a fraqueza do Direito do Trabalho e sua evidente indiferença, historicamente detectada em toda parte e especialmente no Brasil, pelo direito ao trabalho. Por esta razão, há quem diga (Gérard Lyon-Caen, Antoine Jeammaud) que o Direito do Trabalho sempre foi um instrumento a serviço das empresas que necessitam de mão de obra e foi concebido no interesse dessas empresas. Não é nova a noção de que é indispensável reduzir a seu mínimo significado a propalada "função de proteção" do empregado, que a legislação do trabalho negligencia no momento crucial da perda do emprego. As dificuldades crescem de vulto quando se trata das despedidas coletivas. Elas têm por fundamento, quase sempre, razões de ordem econômica. Tais razões assentam no direito de propriedade e conduzem à possibilidade de uma "chantagem econômica": surge com frequência nos debates entre os representantes dos trabalhadores e os empresários a ameaça de fechamento da empresa e de dispensa de um

(8) GOMES, Orlando. Dispensa coletiva na reestruturação da empresa (aspectos jurídicos do desemprego tecnológico). In: *Revista LTr,* São Paulo, ano 38, jul. 1947. p. 575-579; MANNRICH, Nelson. *Dispensa coletiva* – da liberdade contratual à responsabilidade social. São Paulo: LTr, 2000. p. 624; BRIÃO, Andréa. Proteção do trabalho frente às dispensas coletivas. In: *Revista LTr*, São Paulo, ano 74, abr. 2010. p. 425-434.

(9) Ac. TST-RODC 309/2009-000-15-00.4, Rel. Min. Mauricio Godinho Delgado. In: *Revista LTr,* São Paulo,.ano 73, set. 2009. p. 1.105-1.118.

número de trabalhadores superior ao necessário. A despedida coletiva deve ser, contudo, encarada como *ultima ratio*, que só deve ser utilizada depois de falharem todas as demais soluções de menor nocividade social.

O conflito entre a lógica do econômico e a do social instala-se, pois, no próprio âmago do Direito do Trabalho e encontra sua mais aguda forma de expressão na dispensa coletiva. O problema mais grave é o de controlar e limitar as consequências negativas que a incessante dinâmica do processo econômico pode produzir no tocante ao nível de emprego.

Ao reconhecer a dialética que envolve o econômico e o social, o Direito do Trabalho não pode nem deve cavar um fosso intransponível entre as duas instâncias da existência humana. Segundo conhecido "canto da sereia", o econômico e o social constituem dois domínios distintos, predominando o primeiro. É necessário fazer crescer o bolo para depois reparti-lo. As considerações sociais não devem comprometer o resultado. O econômico é o domínio do sério, das realidades concretas, da produção material engendrada pelo trabalho humano. Só a partir da satisfação das necessidades econômicas podem manifestar-se as preocupações sociais: passa a intervir a generosidade. Esta dicotomia vulgar deve ser energicamente refutada. O domínio do sério (o econômico) não pode ser separado do domínio do generoso (o social). Ambos são sérios e generosos. O social não pode exigir do econômico o que ele não tem para dar e o econômico não pode exigir do social aquilo de que ele não pode abdicar.

Em 19 de fevereiro de 2009, a Empresa Brasileira de Aeronáutica S.A. – Embraer despediu 4.273 empregados, sendo reconhecido pela Justiça do Trabalho que "uma crise econômica mundial afetou brusca e profundamente o mercado e a produção de aeronaves, com o cancelamento de encomendas e a falta de perspectiva de uma retomada para breve dos níveis de produção, como vinha ocorrendo até o último semestre do ano passado, mormente considerando que sua atividade empresarial é totalmente dependente de um mercado internacional que se encontra em profunda retração e sem sinais de recuperação para os próximos meses, ou talvez anos". As justificativas apresentadas pela empresa foram compreendidas e acatadas [(10)].

Entendeu-se que a dispensa desse grande número de trabalhadores, de uma só vez, com fulcro em razões de ordem econômica, apresentava contornos de despedida coletiva, estando presentes as características descritas por Orlando Gomes: "Dispensa coletiva é a rescisão simultânea, por motivo único, de uma pluralidade de contratos de trabalho numa empresa, sem substituição dos empregados dispensados. Dois traços caracterizam a dispensa coletiva: a) a peculiaridade da causa; b) a redução definitiva do quadro do pessoal. Na dispensa coletiva é única e exclusiva a causa determinante. O empregador, compelido a dispensar certo número de empregados, não se propõe a despedir *determinados* trabalhadores, senão aque-

(10) Ac. TRT-RODC 309/2009. In: *Revista LTr*, p. 1.113.

les que não podem continuar no emprego. Tomando a medida de dispensar uma pluralidade de empregados não visa o empregador a pessoas concretas, mas a um grupo de trabalhadores identificáveis apenas por traços não pessoais, como a lotação em certa seção ou departamento da empresa, a qualificação profissional, ou o tempo de serviço. A causa da dispensa é comum a todos, não se prendendo ao comportamento de nenhum deles, mas a uma necessidade da empresa" [(11)].

Tal como nas hipóteses clássicas de despedida coletiva, a atitude da Embraer não era movida pelo intuito de abrir vagas ou reduzir temporariamente o número de seus empregados. Tinha por fim reduzir definitivamente o efetivo de trabalhadores a seu serviço. Os empregados despedidos não seriam substituídos, já por se terem tornado desnecessários já porque a empresa não tinha meios para conservá-los.

Suscitado dissídio coletivo de natureza jurídica, no qual o sindicato de trabalhadores pleiteou a declaração de nulidade da despedida coletiva, com a consequente reintegração dos empregados despedidos, entendeu o Tribunal Superior do Trabalho em grau de recurso, com acerto, que, por suas características, a dispensa dita coletiva, por envolver significativa coletividade de trabalhadores, e por seus traços peculiares, tais como os acima expostos, constitui matéria típica de direito coletivo do trabalho; por isso, não se submete às regras específicas do direito individual do trabalho. A matéria não pode ser tratada à luz do direito potestativo de despedir, que o empregador só detém quando se trata de despedidas individuais.

Ingressando na órbita do direito coletivo do trabalho, a despedida coletiva exige a participação do sindicato de trabalhadores. Lê-se no voto do relator, Ministro Maurício Godinho Delgado: "... as dispensas coletivas de trabalhadores, substantiva e proporcionalmente distintas das dispensas individuais, não podem ser exercitadas de modo unilateral e potestativo pelo empregador, sendo matéria de Direito Coletivo do Trabalho, devendo ser submetidas à prévia negociação coletiva trabalhista" [(12)]. "Sob pena de configurar abuso do poder econômico, não se pode reconhecer discricionariedade absoluta do empregador para as dispensas coletivas, sem que haja uma ampla negociação com os entes sindicais respectivos." [(13)]

No caso concreto, a seção Especializada em Dissídios Coletivos do Tribunal Superior do Trabalho reconheceu não ter ocorrido abusividade ou falta de boa-fé objetiva na dispensa coletiva perpetrada. Por tal motivo, limitou-se a fixar a tese de que "a negociação coletiva é imprescindível para a dispensa em massa de trabalhadores". Não aplicou esse entendimento ao caso em exame porque "a premissa aqui fixada não era ainda acolhida na jurisprudência até então dominante" [(14)]. A

(11) GOMES, Orlando. *Op. cit.*, p. 575.
(12) Ac. TST-RODC 309/2009. In: *Revista LTr*, cit., p. 1.116.
(13) Ac. TST-RODC 309/2009. In: *Revista LTr*, cit., p. 1.113.
(14) Ac. TST-RODC 309/2009. In: *Revista LTr*, cit., p. 1.116.

tese foi estabelecida com efeitos para casos novos, não se aplicando ao processo então apreciado.

A despedida coletiva constitui objeto de previsão legislativa no anteprojeto de lei complementar elaborado pelo Instituto dos Advogados Brasileiros. Este anteprojeto é abrangente, regulando não só as despedidas individuais como também as coletivas, além do aviso prévio proporcional ao tempo de serviço – vd. nota de rodapé 7, *supra*. Sensíveis à repercussão da despedida coletiva efetivada pela Embraer, alguns deputados apresentaram à Câmara o Projeto de Lei n. 5.353/09, que regula apenas o despedimento plural de empregados fundado em causas técnicas, econômicas ou financeiras, como se vê no texto divulgado por Andréa Brião (vd. nota de rodapé 8).

# Considerações Conclusivas

A Constituição de 1988 acolhe a ideia de proscrição da despedida arbitrária. O direito brasileiro evolveu do estágio da despedida sem justa causa para o da despedida justificada ou controlada. A lei complementar a que alude o art. 7º, I, do Texto de 1988 deverá regular a despedida sob controle, dispondo sobre as sanções aplicáveis ao empregador que violar a garantia outorgada pela Constituição ao empregado. Que sanções serão instituídas pela lei complementar? Apenas indenização compensatória? Muito pouco.

A evolução econômica, social e jurídica do regime de dispensa mostra que um sistema puramente indenizatório ou de compensação do tempo de serviço não satisfaz. Os trabalhadores de idade madura e todos os trabalhadores, em períodos de recessão econômica, deparam dificuldades para conseguir nova colocação. O recebimento de uma soma em dinheiro nunca representa para o trabalhador garantia equivalente à conservação do emprego. A ideia liberal de livre despedida vem sendo substituída, em quase todos os países, pela de dispensa proibida ou, pelo menos, de dispensa controlada. Daí a noção de estabilidade, definida como garantia de permanência no emprego, assegurada a certos tipos de empregados e consistente na vedação de dispensa, ressalvados os casos expressamente previstos. A extinção do vínculo depende de causas objetivas ou da vontade do empregado. A proibição da dispensa arbitrária obriga o empregador a reintegrar o empregado, a menos que este prefira receber a indenização (ou levantar o depósito bancário correspondente à compensação do seu tempo de serviço).

Esta seria, talvez, uma solução radical, nociva ao desenvolvimento industrial do País. As exigências empresariais de flexibilidade da despedida não são desarrazoadas. O difícil é harmonizar os interesses conflitantes, encontrando o justo ponto de equilíbrio. Como sói acontecer em temas desta natureza, há valores contrapostos em jogo, e a habilidade do jurista deve conduzi-lo a uma solução que atenda simultaneamente a todos os reclamos antagônicos. A tarefa, à primeira vista, parece de impossível realização, pois não se pode contentar gregos e troianos ao mesmo tempo; todavia, uma reflexão desapaixonada, objetiva e isenta de preconceitos poderá produzir bons resultados. Importante é observar a experiência histórica brasileira e considerar o caminho trilhado por outros ordenamentos, não para copiá-los (pois não se transplantam eficazmente soluções jurídicas dependentes de conjuntura política e econômica diversa), mas para colher os frutos que o conhecimento científico oferece ao estudioso.

A proteção contra a despedida arbitrária constitui imperativo que transcende as noções contratuais hauridas no direito civil e mesmo no direito do trabalho do passado. Dá-se uma "quebra de paridade" entre as posições jurídicas do empregado e do empregador que se traduz, obviamente – como elucida Antônio Monteiro Fernandes – "na construção de um círculo de restrições em torno da faculdade de ruptura unilateral do empregador, tendendo, fundamentalmente, para a eliminação do subjetivismo ou do arbítrio de tal medida: o despedimento necessidade apresta-se a suceder ao despedimento oportunidade (M. C. Bonnetete)" [(1)].

A faculdade de pôr termo à relação de emprego não pode ser assegurada em grau idêntico ao empregador e ao empregado. O exercício dessa faculdade pelo primeiro deve ser vista como uma ação praticada "no quadro da empresa, a fim de assegurar o seu bom funcionamento, finalidade que justifica o estrito controle exercido" [(2)].

Essa evolução caracteriza-se, principalmente, pelo sentido de eliminar o subjetivismo, antes reconhecido em favor do empresário, para, em seu lugar, proclamar a necessidade de critérios objetivos, privilegiando a funcionalização do exercício da faculdade resilitória patronal.

Como resultado dessas tendências, afirma-se a necessidade de motivação da despedida, vale dizer, nega-se a possibilidade de extinção *ad nutum* do contrato de trabalho de duração indeterminada por iniciativa do empregador; a faculdade de pôr termo à relação de emprego passa a depender da demonstração, pelo empregador, da existência de motivos que possam ser externamente controlados.

Exige-se a prova, a cargo do empregador, dos pressupostos legais do direito de despedir. A falta desta prova invalida ou torna ineficaz o ato extintivo.

Os motivos que autorizam as dispensas são de ordem variada, admitindo-se uma distinção entre despedidas individuais e coletivas. Entre as primeiras, os motivos justificados dizem respeito à pessoa ou à conduta do trabalhador (aí incluídos os de natureza disciplinar), além daqueles gerados pela inadaptação do empregado às novas realidades empresariais decorrentes da necessidade de reestruturação ou reconversão. Quanto às despedidas coletivas, são admissíveis quando atuam razões pertinentes à organização produtiva. Excluem-se, portanto, aqui, as razões

(1) FERNANDES, Antonio Monteiro. *Temas laborais.* Coimbra: Almedina, 1984. p. 88.
(2) CAMERLYNCK, C. H. *Le contrat du travail.* 2. ed. Paris: Dalloz, 1982. p. 354.

de caráter subjetivo; além disso, a despedida deve abranger uma pluralidade de trabalhadores e deve basear-se em uma razão comum a todos eles. A despedida coletiva só é admissível quando fundada em razões exteriores à relação de trabalho, ditadas por motivos estruturais, tecnológicos ou conjunturais.

A realização prática do regime jurídico de limitação à faculdade patronal de desvinculação depende das "técnicas sancionatórias do despedimento ilícito", para usar a expressão de Antônio Monteiro Fernandes (3).

Os regimes que limitam a liberdade patronal de desligamento, vedando a despedida arbitrária ou injustificada, quer individual, quer coletiva, empregam basicamente dois métodos: a indenização compensatória da perda do emprego e a reintegração. O primeiro método é insatisfatório do ponto de vista social, como já se demonstrou: apenas onera os custos empresariais, ensejando o repasse do respectivo valor para os preços dos produtos ou serviços, de sorte que, em última análise, são os próprios trabalhadores (como consumidores) que financiam a ação patronal. A reintegração supera a noção de responsabilidade civil, que gera a obrigação de reparar o dano gerado pelo desfazimento do vínculo contratual com a substituição de um bem jurídico (o emprego) por mero equivalente econômico: implica reparação *in natura*, e, por isso, reclama atenção especial. É na doutrina italiana que se encontram os melhores subsídios sobre este assunto, circunstância bastante compreensível, uma vez que na Itália a reintegração constitui a única reparação prevista para os casos de despedida injustificada, e a solução adotada suscita amplos debates.

A reintegração denota a passagem de um sistema de eficácia meramente obrigacional da limitação do direito patronal de despedir para um sistema de limitação real e afronta a dogma da chamada incoercibilidade das obrigações de fazer. Na verdade, ela ignora o princípio secular *nemo ad factum praecise cogi potest* e bem assim afasta a solução civilista (o inadimplemento das obrigações de fazer se resolve em perdas e danos); não interessa, no caso, que se exija uma prestação de fato infungível por parte do empregador.

Há, porém, dificuldades práticas e jurídicas insuperáveis: o efetivo cumprimento da ordem de reintegração depende exclusivamente da vontade do empregador. Juridicamente, a reintegração só pode ser imposta por metade: o empregado será devolvido ao espaço físico da empresa, mas, sem a concordância do empregador, ele jamais será reintroduzido no ciclo produtivo, Na verdade, a reintegração não consiste em uma prestação homogênea, mas sim numa série de prestações articuladas, heterogêneas entre si. Só algumas dessas prestações são plenamente fungíveis e, por isso, diretamente coercíveis. A reintegração forçada do empregado irregularmente despedido suscita objeções de monta, pois está em jogo o valor fundamental da liberdade do empregador.

(3) FERNANDES, Antonio Monteiro. *Op. cit.*, p. 93.

Já que a reintegração gera a obrigação de pagar salário desde o momento da despedida até a data da efetiva reposição do empregado no posto de trabalho, não se pode contar com a espontânea adesão do empregador à ordem, pois, como diz um autor italiano, nenhum empregador que não seja um "poverocristo" aceita passivamente a ordem de pagar salários sem a correspectiva prestação de serviços. O possível descumprimento da ordem, portanto, não pode deixar de entrar em linha de conta. Que fazer? Cominar sanções penais? Realmente, estaria sendo cometido o crime de desobediência. Na Itália, cogitou-se mesmo de privar o recalcitrante de seus direitos políticos, pois estamos diante de uma situação de ordem pública. Também se poderia pensar na aplicação de *astreintes*. Mas, serão estas soluções politicamente corretas?

Não há dúvida de que a invalidade da despedida irregular só admite como corolário jurídico o revigoramento do contrato de trabalho, com todas as consequências daí decorrentes. Mas, nem sempre a vida se coaduna com o purismo das construções jurídicas...

Levantou-se a tese de que a readmissão do empregado se impõe, mas em relação ao período de afastamento do emprego, anterior ao cumprimento da sentença, outra solução deveria ser encontrada: não seriam devidos os salários; o empregador responderia apenas pelo ressarcimento dos prejuízos sofridos pelo empregado, o que levaria à possibilidade de dedução dos salários auferidos em outro emprego (*aliunde receptum*) ou das prestações de seguro-desemprego.

A reparação *in natura* constitui, sem dúvida, solução, mas não pode ser consagrada pelo ordenamento jurídico como a única. Sucedâneos, como reparação por equivalente econômico, ou alguma outra solução adequada, devem ser considerados. Regimes optativos, em que se oferece ao empregador – ou, melhor ainda, a ambas as partes – a possibilidade de preferir a definitiva cessação do contrato de trabalho mediante o pagamento de uma indenização, têm dado bons resultados em muitos países.

Aqui, surge o tema da processualização da despedida. Alguma autoridade – o juiz, a autoridade administrativa, o árbitro privado – há de proferir uma decisão. De preferência, que fosse uma decisão irrecorrível, mas, neste caso, profundas alterações deveriam ser introduzidas na legislação brasileira. A decisão irrecorrível só poderia ser confiada a um árbitro. E só um árbitro – nunca um magistrado – poderia dispor de liberdade para adotar uma solução ajustada ao caso concreto, como ocorre no direito canadense: o árbitro pode ordenar a reintegração, determinar o pagamento de uma indenização ou tomar qualquer outra decisão compatível com o caso e que leve em conta as peculiaridades da hipótese concreta.

No caso da indenização, deveria ser evitado o sistema tarifário: as indenizações deveriam ser individualizadas. É esta a solução perfilhada pelo direito alemão, que adota fatores, como o fator social e o risco processual, capazes de introduzir distinções no cálculo das indenizações fixadas a partir dos elementos óbvios, a saber, salário e tempo de serviço.

Se a reintegração for a solução mais apropriada para o caso, surge a questão dos chamados "salários de tramitação": estes são devidos, mas não integralmente, em qualquer caso. A solução da lei alemã, da espanhola, da canadense e da portuguesa é justa, ao permitir a dedução das importâncias relativas a rendimentos de trabalho auferidos pelo empregado em atividades iniciadas posteriormente à despedida. É certo que críticas podem ser levantadas a esta solução legal: ela pode atuar como desincentivo ao trabalhador para a obtenção de novo emprego e, além disso, ela beneficia o empregador que ilicitamente despediu o empregado. Entretanto, a percepção de dupla remuneração é socialmente injustificada. Os salários de tramitação devem ser pagos tanto em caso de reintegração como de indenização, merecendo atenção o disposto na lei espanhola: o art. 56, 1, *b*, do Estatuto dos Trabalhadores prevê o pagamento da soma dos salários que o empregado deixou de perceber desde a data da dispensa até que tenha encontrado outro emprego. Se o trabalhador percebeu salários em outro emprego, haveria enriquecimento sem causa se lhe fossem pagos integralmente os salários de tramitação, pelo que é permitida a dedução do montante respectivo, desde que o empregador alegue o fato e produza a prova respectiva, inclusive do importe dos salários. Esta é, também, a solução da lei alemã.

Questão relevante é a do prazo fixado para a impugnação da despedida injustificada. Este prazo (que é de decadência, não de prescrição) há de ser curto: 3 semanas, como na lei alemã, ou 20 dias úteis, como no Estatuto dos Trabalhadores da Espanha, no máximo 60 dias. Se o empregado precisa do emprego, deve manifestar desde logo a vontade de a ele retornar. O decurso de mais de 60 dias deve fazer presumir que o trabalhador aceita o desfazimento definitivo do vínculo contratual. Não se trata de prescrição, já que no caso não estamos diante de violação de um direito subjetivo, hipótese em que o decurso do tempo teria o condão de fazer convalescer a lesão. Mas seria conveniente que a lei permitisse a suspensão do prazo, por efeito de uma tentativa de conciliação, por exemplo, perante a comissão mista porventura existente na empresa ou perante a representação dos trabalhadores na empresa.

Que empregados deveriam ser beneficiados pela lei de proteção contra a despedida arbitrária? Em outras palavras, qual deve ser o tempo de serviço, findo o qual passaria o empregado a gozar da proteção da lei? A partir da admissão? Certamente, não. Quando completasse o "decênio estabilizador" da CLT? Também não. A solução justa seria a que assegurasse a garantia de permanência no emprego a partir do término do período experimental, fixado em 6 meses, como na lei alemã; ou, então, poderia ser adotado o prazo do contrato de experiência da CLT: 90 dias.

A lei não poderia ser aplicada indistintamente a todas as empresas. O porte da empresa afetada deve ser levado em consideração. Empresas de pequeno porte não suportariam as restrições à rotatividade da mão de obra. A lei alemã exclui da aplicação da lei de proteção contra a despedida as empresas que contem menos de cinco empregados, não computados os aprendizes e o pessoal de direção. Os empregados das micro e pequenas empresas deveriam gozar de proteção específica (aviso prévio, indenização por tempo de serviço, etc.), mas a eles não poderiam ser estendidas as limitações impostas às empresas de médio e grande porte.